Eberhard Schuy

KREATIV HINGEROTZT

zum Einstieg in die professionelle Kreativität

Timbulär 2

Bibliografische Information der Deutschen Nationalbibliothek:
Die Deutsche Nationalbibliothek verzeichnet diese Publikation in der
Deutschen Nationalbibliografie; detaillierte bibliografische Daten sind
im Internet über *http://dnb.dnb.de* abrufbar.

Die Informationen in diesem Produkt werden ohne Rücksicht auf einen
eventuellen Patentschutz veröffentlicht. Warennamen werden ohne Ge-
währleistung der freien Verwendbarkeit benutzt. Bei der Zusammenstellung
von Texten und Abbildungen wurde mit größter Sorgfalt vorgegangen.
Trotzdem können Fehler nicht vollständig ausgeschlossen werden. Verlag,
Herausgeber und Autoren können für fehlerhafte Angaben und deren
Folgen weder eine juristische Verantwortung noch irgendeine Haftung
übernehmen. Für Verbesserungsvorschläge und Hinweise auf Fehler sind
Verlag und Herausgeber dankbar.

© 2022 Eberhard Schuy

Lektorat: Maia Selb
Gestaltung: Freunde der Sonne, Köln ▸ www.freundedersonne.com
Herstellung und Verlag: BoD – Books on Demand, Norderstedt
ISBN: 9783756819805

Inhalt

Vorworte
Klarstellung

Hingerotzt

Lassen sie mich mit diesem derben Jargon-Wort beginnen. Ein Wort, das sicher die Wenigsten unter uns im Sprachgebrauch nutzen.

Ich gebe mir Mühe es nicht weiter unnötig zu erwähnen, denn auch mir erscheint es fast beleidigend und es kann wohl nur im Zusammenhang mit einer ausdrücklich missachtend gemeinten Anmerkung verwendet werden. Ein Wort, dessen Ursprung ich nicht erwähnen muss, dessen Synonyme zwar erfreulicher klingen, dennoch in keinem Fall in einem positiven Ansatz zu sehen sind.

Folgende Synonyme lassen sich, angenehmer klingend, für etwas ohne Sorgfalt erstelltes verwenden:

- hingehudelt
- hingeschmiert
- zusammengehudelt
- zusammengepfuscht

Die Assoziationen gehen dabei immer in folgende Richtungen:

- lax
- liederlich
- nachlässig
- lustlos
- freudlos
- gelangweilt
- schlampig
- schludrig
- unordentlich
- unsorgfältig

Soweit einige Beispiele, um diese Adjektive in Ihrer negativen Kraft zu verdeutlichen, gerade auch in den schnell dahin gesagten Bemerkungen, mit denen eine Idee, eine Arbeit oder eine bestimmte Ausführung bezeichnet wird.

Musste es sein, dieses Wort auf meinen Buchtitel zu bringen, wäre das nicht mit einer anderen Bezeichnung, eleganter, gewählter und vornehmer gegangen? Nein, lassen sie mich ehrlich sein, das hätte in meinem Sinne nicht funktioniert.

Wie ein Fußtritt muss ein solcher, oder ähnlicher Ausdruck für die Angesprochenen wirken und dabei bedarf es nicht einmal, in dieser erwähnten Deutlichkeit gesagt zu werden. Auch die scheinbar freundliche Umschreibung ist oft auf eine oberflächliche Betrachtung zurückzuführen, die nicht selten auf Unwissenheit beruht.

Hingerotzt,

wenn sie dieses Wort lesen, haben sie bereits erkannt, dass ich nicht derb sein möchte. Dennoch möchte ich klar Ihre Aufmerksamkeit gewinnen, auch um über ein Phänomen zu berichten, das immer dann auftritt, wenn Ergebnisse und Lösungen, trotz eines intensiven Prozesses am Ende simple und naheliegend erscheinen. Das beziehe ich nicht auf eine mangelnde, persönliche Wertschätzung, daran hapert es meistens nicht, ich meine die mangelnde Wertschätzung gegenüber dem kreativen, ausgiebigen Prozess. Es liegt womöglich am nicht Erkennen der Komplexität eines Prozesses, wenn am Ende ein völlig logisches und einfach scheinendes Ergebnis steht. Bei der Recherche zu diesem Buch fand ich einen Bericht, der mich beeindruckte. Er beschreibt treffend den Kern meines Impulses, dieses Buch zu schreiben, gibt es doch viele Parallelen in Bezug auf spontane, oberflächliche oder interessante, tiefere Betrachtungsweisen.

Es handelt sich um das Gedicht »Howl« (Das Geheul) von Allan Ginsberg, das er 1955 zum ersten Mal öffentlich las.

1956 wurde dieses Gedicht von Lawrence Ferlinghetti in seinem noch heute bestehenden Verlag City Light Books veröffentlicht.

1957 musste das Gedicht und Lawrence Ferlinghetti vor Gericht. Das Werk und sein Verleger wurden wegen strafbarer Obszönitäten angeklagt, später allerdings auch freigesprochen. Allan Ginsburg wurde so als Dichter weltberühmt.

Mit großer künstlerischer Individualität und Freiheit beschreibt Allan Ginsburg in »Howl« als »homosexuelle Obszönitäten« empfundene Zeilen, die von Einigen im Amerika in den 1950er / 1960er Jahren als zu derbe und nicht der anerkannten, künstlerischen Ausdrucksweise entsprechend, empfunden wurden.

2011 erschien der Film »Howl – Das Geheul« , den die beiden Regisseure, Jeffrey Friedman und Rob Epstein basierend auf dem Gedicht und der Geschichte Ginsbergs gedreht hatten.
Im Interview vom 02.01.2011 mit Holger Hettinger vom Deutschlandradio

schließt sich dann für mein Thema der Kreis von den möglichen Sichtweisen kreativer Leistungen sogar in den Ausdrucksformen, die ich auch hier für diesen Buchtitel gewählt habe.

Holger Hettinger fragt dort:

Ginsbergs Gedicht »Howl« wirkt wie ein wilder Sog, ein assoziativer Strom, und zur Legende der Entstehung gehört auch die Kolportage, dass Ginsberg das Gedicht im Drogenrausch, ja, hingerotzt hat. Später ist dann herausgekommen: Ginsberg hat über einen langen Zeitraum daran gearbeitet, immer wieder akribisch daran gefeilt. Wie ist Ihr Film entstanden – im reißenden Flow des Gedichtsduktus, oder in der akribischen Entwicklung Ginsbergs?

Zitat Ende

Nachdem ich das Gedicht gelesen und den Film angeschaut habe, der im Internet verfügbar ist, empfand ich den Inhalt als dicht, komplex und bei aller sprachlicher Deutlichkeit auch sehr vielschichtig.

Ich war begeistert von der Parallelität meiner Auseinandersetzung mit dem Thema, zu den Sichtweisen der Kreativität und der Wahrnehmung des Gedichtes, welches sich spontan scheinbar hauptsächlich auf die Ausdrucksweise bezieht.

Es ist so, als würden wir eine Blüte bereits nach der Knospe beurteilen und nicht auf den aufgeblühten Zustand warten.

Ich lade sie herzlich ein, das Gedicht zu lesen und den Film zu schauen, zumindest das Zusammenwirken von Inhalt und Ausdrucksform empfinde ich als faszinierend und ein gutes Beispiel von Kunst auf der Grundlage, der, in diesem Fall personalisierten Kreativität von Allan Ginsburg.

Es gibt wohl keine Zweifel, das dieses Werk von einer klar identifizierbaren Kreativität getragen wird.

Diese mögliche Identifizierung ist es, die Kreativität in allen Bereichen, weit über die Kunst hinaus, zur ernsthaften sinnvollen und auch kommerziell anerkannten Kreativität werden lässt.

Das Interview

Jeffrey Friedman und Rob Epstein im Gespräch mit Holger Hettinger • 02.01.2011 – Deutschlandfunk Kultur: https://www.deutschlandfunkkultur.de/das-ist-ja-sehr-langsam-und-auch-sehr-subtil-passiert-100.html

Das Gedicht Howl in Original und dt.Übersetzung: https://lyricstranslate.com/de/howl-geheul.html

Zum Buch

In diesem Buch geht es um Kreativität, um die Achtung neuer individueller Ideen, die auf Persönlichkeit und Spirit beruhen. Es geht um den ernsthaften Umgang mit dem Prozess, der zur kreativen Idee führt. Führen Ideen zu überraschenden Umsetzungen, sind sie oft auch deswegen überraschend, weil der kreative Prozess dahinter nicht mehr zu erkennen ist. Ich meine es ernst mit der Kreativität und freue mich immer wenn eine kreative Leistung erkannt wird. Gerade, weil die Kreativität in den letzten Jahren einen immer höheren Stellenwert erreicht, jedoch gleichzeitig in der Anerkennung sinkt, ist es mir wichtig sie auf einen Sockel zu stellen, um sie nicht in der täglichen Banalität untergehen zu lassen.

Die Anerkennung für professionelle Kreativität sinkt.

Ja, Kreativität oder zumindest die Nutzung des Wortes läuft Gefahr zur alltäglichen Banalität zu werden.

Seit dem ich begann, mich vor etwa zehn Jahren, intensiv mit der Bedeutung von Kreativität im beruflichen Alltag zu beschäftigen, seit dem bemerke ich, wie breit dieses Wort genutzt wird und wie individuell die Kontexte sind in denen es verwendet wird. Natürlich ist das alles legitim, allerdings führt es letztendlich zu einer Vereinheitlichung des Verständnisses zur Kreativität, in den unterschiedlichsten Bereichen. Lassen sie mich einige der typischen, alltäglichen Bereiche aufführen in denen uns der Begriff begegnet :

- ‣ Kreativität in der Kunst
- ‣ Kreativität in allen Hobbybereichen. Wir wundern uns kaum noch über Begriffe wie »kreatives Angeln«, kreativer Baumbeschnitt«, »kreatives campen«, ... kreatives häkeln, bis hin zum kreativen Ziegen züchten.
- ‣ Kreatives Management wie Zeitmanagement, Finanzmanagement usw.
- ‣ Kreative Zukunftsplanungen in allen Businessbereichen, zum Beispiel von den Produktplanungen, über Nachhaltigkeitsentwicklungen bis hin zur kreativen Schaffung zukünftiger Bedürfnisse.

Kreativität wohin man schaut, in allen Bereichen gibt es natürlich die Möglichkeit diese Tätigkeiten kreativ auszuüben. Das kann intuitiv oder geplant mit einer festen Absicht geschehen. Schwieriger wird es, wenn etwas nicht nur ungewohnt oder auf persönlich neue Art und Weise erledigt werden soll, sondern wenn kreative Anforderungen in Dienstleistungsbereichen gestellt werden.

Spätestens jetzt sollten wir von der kommerziellen Kreativität sprechen, die klar definiert sein sollte.

Nun sind Effektivität, Wirtschaftlichkeit und Nachhaltigkeit nicht mehr von der Kreativität und dem innovativen Handeln zu trennen.

Ich möchte sie auf den weiteren Seiten inspirieren, Klarheit in Bezug auf Kreativität einzunehmen. Lassen sie uns besonders im Business die Wertigkeit der kreativen Tätigkeit steigern. Es geht darum, ihr einen Stellenwert zu geben, in der es nicht mehr als Beiwerk, als nette Eigenschaft gesehen wird, wie eine Tätigkeit ausgeführt werden kann. Kreativität im Business beruht auf einer Qualifikation.

Kreativ handeln und denken, abseits der eingefahrenen Strukturen erfordert nicht nur Mut, sondern auch besondere Persönlichkeiten und ungewohnten Individualismus.

Kreativität ohne markante, individuelle, von Persönlichkeit getragene Standpunkte funktioniert nicht. Das zu akzeptieren ist die besondere Herausforderung im Unternehmen und in der Gesellschaft.

Timbulär

Ich habe überlegt, ob diese Wortschöpfung auch in diesem Buch seine Verwendung finden sollte und habe entschieden, es in allen meinen Büchern, die sich, vielleicht auch noch in der Zukunft, mit Kreativität beschäftigen, zu erwähnen. Einer der mir wichtigen Gründe ist, das mein erstes Buch, in dem ich mich mit dem Thema Kreativität auseinandergesetzt habe, sogar den Titel »Timbulär« trug. Es war das Buch, mit dem Versuch, meinen damaligen Haupterwerb, die kommerzielle Werbefotografie, mit der von mir empfundenen Kreativität zu erklären, indem ich die beiden Tätigkeiten voneinander trennte.

Fotografie an sich ist nicht kreativ, und Fotografen*innen sind es auch nicht automatisch dadurch, dass sie einen Beruf ausüben, dem ein künstlerischer Aspekt unterstellt wird.

Was bedeutet nun timbulär?
Timbulär ist eine Wortschöpfung, meine Bezeichnung für die Kreativität die sich eindeutig definieren lässt und klare Anforderungen erfüllt.

Timbulär ist der instinktive Umgang mit der Ursprünglichkeit des kreativen Geistes. Dinge, die eine spontane, nicht überlegte oder bedachte, Faszination hervorrufen werden später durch Erklärungen allzu oft in einen nicht gewollten Zusammenhang gestellt. So verliert die Faszination des Ursprünglichen oft ihren Reiz, indem die Dinge interpretiert werden. Timbuläres Arbeiten bedeutet instinktives, vom individuellen Sprit geleitetes Schaffen neuer Werke oder Ansichten.

So steht das Wort *timbulär* für:

- Ideen ohne direkt abzuleitende Herkunft in Grundidee oder Gestaltung.
- Schöpfungen, die durch Stimulationen unterschiedlichster Herkunft neu und nicht direkt einer einzelnen, vorhandenen Arbeit zuzuordnen sind.
- die Leichtigkeit eines Werkes oder einer Idee, die auch ohne tiefgründige Absichten mehr als eine bildhaft gefüllte Fläche oder bedeutungsloses, nicht relevantes Gerede ergibt.
- einen kreativen Schaffensprozess, der vordergründig durch die Persönlichkeit, den Spirit des Autoren bestimmt wird.

Die menschliche Faszination, die entsteht, wenn Geist und Seele durch Neues berührt werden, das nicht mit Wissen, Erfahrung und Gedanken zu begründen ist.

Vielleicht sind Sie ja ähnlich angetan von der Vorstellung, ein Wort für die eigene, individuelle Sparte der Kreativität zu haben. Es ist die Relevanz der Kreativität, die ich mit dem Wort timbulär manifestieren möchte.
Es sind die timbulären Arbeiten und Ideen, die eine besondere Faszination hervorrufen können, wenn man ihnen nur unvoreingenommen begegnet.
Ich hoffe, ich kann ihnen die Weiterführung der Kreativität, so wie ich sie verstehe, hin zu dem, was ich als timbulär bezeichne, verdeutlichen.
Natürlich brauchen wir das Wort timbulär nicht, es macht es allerdings unkompliziert für mich, die meinen Ansprüchen gerecht werdende Kreativität zu benennen.

Es macht Spass, nach über drei Jahren, die es heute her ist, seit dem das Buch »*Timbulär*« erschien, Menschen in meinem Umfeld zu treffen, die tatsächlich den Begriff nutzen, um eine kreative Arbeit zu benennen.

Struktur

Seit vielen Jahren beschäftige im mich mit dem, ich nenne es einmal »Phänomen« der Kreativität. Ich bewundere die Menschen, die ich in meiner Tätigkeit, in der Werbebranche kennenlernen durfte. Menschen, die in besonderem Maße kreativ waren, ohne dies jedoch in irgend einer Art und Weise betonen zu müssen.

Sie alle zeichneten sich durch eine besondere Souveränität aus, die sich in einer assoziativen, gedanklichen, verbalen oder gestalterischen Schlagfertigkeit zeigte.

Kann man Kreativität lernen? Ganz ehrlich, ich bin bis heute skeptisch und habe in den vergangenen Jahren kein Kreativitätstraining erlebt, in dem etwas, außer vorgefertigten Pauschalideen oder aufgesetzten Techniken, mit denen sich vorhandenes Wissen abrufen lässt, vermittelt wurde.

Natürlich gibt es ein individuelles Verständnis, das man als Kreativität bezeichnen möchte. Das Verwenden einer bereits vorhandenen, wenn auch ungewöhnlichen Idee gehört für mich nicht dazu.

So habe ich mich entschlossen, meine Begegnungen mit der Kreativität zu analysieren. Interessante Aussagen und Studien halfen mir dabei zu erkennen, wo die Kreativität sichtbar wird und wie stark alle kreative Menschen von der Faszination für Neues getragen werden.

Hieraus können sie liebe Leser*innen, ganz individuell ihre Schlüsse ziehen, mit denen sie, mit Ihrer Persönlichkeit, mit ihrem eigenen Instinkt, Ihr Bewusstsein für das Neue, in vielfältigen Zusammenhängen stärken können.

Nachdem ich in den Vorworten, meine grundlegenden Gedanken zu den Inhalten im Buch geklärt habe beschreibe ich im Teil kommerzielle Kreativität mit meinem Wissen und meinen Gefühlen, ergänzt durch einige Studien und Zitate, das, was für mich seit vielen Jahren die Faszination der kommerziellen Kreativität ausmacht. Natürlich sind das oft Sichtweisen die aus ganz individuellen Erfahrungen resultieren, ich möchte sie bitten bei allen Thesen einen Abgleich mit Ihren persönlichen Gedanken zu machen. Nur so kann das Werk im kreativen Sinne inspirierend sein.

Eines meiner Lieblingsthemen, sind meine Gedankensplitter.

Wir kennen es alle, die kurzen Gedanken die uns Dinge, manchmal nur für wenige Momente, völlig schlüssig erscheinen lassen. Es sind komprimierte Gedanken, die ich oft nicht konkret zuordnen kann. Da ich mir seit vielen Jahren angewöhnt habe sie aufzuschreiben, bemerke ich, wie Hilfreich sie sein können, wenn in einem neuen Zusammenhang Impulse gesucht werden.

Einige dieser Aphorismen sind bereits im deutschen Aphorismenverzeichnis aufgenommen und können hier, neben tausender anderer Werke als Gedankengeber genutzt werden. Einige, die mir beim Schreiben des Buches geholfen haben oder die mir dabei in den Sinn kamen, habe ich hier mit aufgenommen.

Im letzten Teil des Buches möchte ich etwas zur Leichtigkeit der Kreativität beitragen. Fast schien mir, dass bei der Ernsthaftigkeit und teilweise auch Strenge mit der ich die Kreativität beschreibe, der Eindruck entstehen könne, es sei nicht besonders erstrebenswert sich mit der Kreativität auseinanderzusetzen.

Wer beruflich und kommerziell mit ihr zu tun hat, wird schnell bemerken, dass durch die Überraschungen, die durch Kreativität möglich sind, in dem neue Erkenntnisse, Einsichten und Möglichkeiten entstehen, viele positive Momente geschaffen werden können, die mit relativer Leichtigkeit das berufliche Fortkommen fast schon garantieren. Die kreative Begeisterung sollte also nicht fehlen.

Ich wünsche Ihnen viel Spass und vielleicht auch nachdenkliche Momente beim Lesen meines Buches.

Kommerzielle Kreativität

Die Kreativität als autonome Tätigkeit

Es benötigt eine besondere Expertise, eine bestimmte Aufgabe, umfassend und seriös gegenüber einem Auftraggeber zu erledigen und verantworten zu können. Klingt logisch und dennoch, wenn es um Kreativität geht erlebe ich immer wieder, dass dieser Part inklusive einer anderen Leistung gefordert wird, also in der Wichtigkeit eine untergeordnete Rolle spielt.
Die Frage die gestellt werden muss, ist die nach den Prioritäten. Was steht im Fokus der Aufgabe, die Kreativität oder die ursprüngliche geforderte Leistung?
Professionelle Kreativität ist kein, womöglich noch kostenloser, Bonus, der zu einer Grundleistung mitgeliefert wird.
Zum Glück habe ich in meiner beruflichen Laufbahn immer wieder erlebt, wie sinnvoll es ist, wenn der kreative Part von Spezialisten ausgeführt wird. Natürlich habe ich immer versucht, meine Arbeit als Werbefotograf »kreativ« auszuüben, im Fokus stand allerdings immer die Fotografie. Alle Aufnahmen, bis auf ganz wenige Ausnahmefälle, die für Kampagnen, Anzeigen oder Poster fotografiert wurden entstanden immer in Zusammenarbeit mit kreativen Menschen aus Agenturen oder aus den Unternehmen. Die Zusammenarbeit mit Art- oder Kreativ-Direktoren*innen, haben immer dafür gesorgt, dass die Fotografie letztendlich um einige Prozent besser wurde, als wenn ich sie während der Produktion alleine beurteilt hätte. Dabei habe ich meine Kreativität nie ausblenden müssen, es gab immer gemeinsame Schnittmengen. So war einerseits die hundertprozentige Konzentration auf die Fotografie möglich und für den kreativen Part gab es ebenfalls die zuständigen Experten.

Ich vergleiche es gerne mit Sportarten in denen zwei Personen im Team sind, jeweils mit einer speziellen Aufgabe. Ein Ralleyfahrer*in käme sicher auch alleine an sein Ziel, nur mit Copilot*in kann er jedoch professionell bestehen.

Man sagt mir nach, ich sei ein kreativer Mensch und man sagt, ich sei ein guter Stilllife- und Produktfotograf. Einige Personen schließen daraus, dass ich also ein kreativer Produktfotograf sei. Wenn daraus geschlossen wird, dass auch meine Fotografien kreativ sind, müsste ich widersprechen. Ganz ehrlich, mindestens 85 Prozent meiner in den letzten 35 Jahren fotografierten Bilder sind nicht, als kreativ zu bezeichnen. Viele davon wurden auch nicht mit dem Anspruch auf Kreativität produziert. Einige davon mögen mit kreativer Technik erstellt sein, diese jedoch sieht der Betrachter selten. Nur das fertige Produkt zählt, hier wird der Betrachter über Kreativität entscheiden.

Sie sehen also, es ist wichtig, auch unabhängig von der kreativen Ader, ein ganz ordentlicher Fotograf zu sein. Dennoch waren meine Ambitionen in Bezug auf Kreativität hoch und ich konnte sie gut anbringen, wenn es um Konzeptionen im Bereich von visuellen Eindrücken ging. Wenn es darum ging Absichten in einem Bild zu integrieren war ich bereits in jungen Jahren von den Möglichkeiten, die sich in der Bildgestaltung bieten, fasziniert.

Als 24-Jähriger bekam ich in einer großen internationalen Werbeagentur die Leitung des Fotostudios übertragen und konnte in Bezug auf Style, und Art der Fotografie mit bekannten Art- und Kreativ Direktoren zusammenarbeiten. Natürlich wurden für die großen Kampagnen internationale Fotografen gebucht und es kam vor, dass ich mit meinem damals noch recht naiven Bildverständnis alle Regeln bei den Anforderungen an die Aufnahmen durchbrach. Nicht, weil ich sie durchbrechen wollte, sie waren mir einfach nicht bekannt. Das sorgte einerseits für Verwirrung, andererseits erinnere ich mich an ein einige Aufnahmen, die auf diese Art besonders gelungen sind. Man hielt meine Unwissenheit, ich wäre viel zu schüchtern gewesen, die Regeln bewusst in dieser Deutlichkeit zu missachten, für kreativ. So kam ich dazu, europaweit einigen ziemlich bekannten Fotografen meine Bildvorstellungen für einen bestimmten Job mitteilen zu dürfen.

* Um das richtig einzuordnen, das waren die Zeiten, als man, in der ersten Klasse des Flugzeuges noch Whiskey und Zigarren serviert bekam. So war also mein Start als selbstbewusster Kreativer – Anno 1978! (Smiley)

Heute arbeite ich noch mit Agenturen und Unternehmen zusammen, um bestimmte Vorstellungen von Darstellungsweisen zu erarbeiten. Es funktioniert wirklich am besten, wenn die Ausführung anschließend von anderen übernommen wird. Auf diese Art konnte ich auch Aufträge annehmen, in denen es zum Beispiel um die kreative Konzeption eines Logos für ein bekanntes Unternehmen ging, anhand meiner Skizze, in der ich die Unternehmensphilosophie auf meine Art visualisierte, konnten Grafiker das Konzept in ein perfektes Logo umsetzen. Ich freue mich, wenn Konzepte mit meinen Ideen umgesetzt werden und mir ist bewusst, dass ich bei diesen Arbeiten nie als Fotograf unterwegs bin, sondern nur mit dem Schwerpunkt, kreativen Input beizusteuern.

Es wäre fürchterlich, müsste ich alles, was mit Kreativität zusammenhängt, mit meinem ursprünglichen Beruf als Fotograf in Verbindung bringen. Viele meiner Aphorismen, die sie in diesem Buch sehen, wären nicht entstanden. Meine Ideen zu einem sonnengetriebenen Motor wären ebenfalls nicht in der Welt. Einige Logos für internationale Unternehmen hätte ich nicht entworfen, und so weiter....

Auch wenn es etwas weit hergeholt ist, möchte ich in diesem Zusammenhang Othmar Spann zitieren. Othmar Spann war Nationalökonom und Geschichtsphilosoph (Österreich, 1878 – 1950).

»Das Geheimnis allen geistigen Schaffens ist Sammlung, Konzentration. Nur wer sich in vollkommener Hingabe versenkt, kann Eigenes sehen, Schöpferisches leisten. Solche köstliche Frucht geistiger Arbeit muß aber lange und im Stillen reifen.«

Othmar Spann

Wie könnte man es besser ausdrücken, dass auch Kreativität nur in der Konzentration auf das Tun entstehen kann! Kreativität, wird so oft als leichtes, spontanes, nebensächliches Erfinden betrachtet, – hingerotzt – ... sie wissen schon, und entspringt dabei ganz sicher einer geistigen Arbeit, mit großen Anteilen der eigenen, schöpferischen Persönlichkeit.

Kreativ werden, sein und bleiben

Nun haben sie im letzten Kapitel lesen können, wie ich kreativ wurde. Nein, natürlich nicht, ich habe nur beschrieben, ab wann und warum man mich plötzlich als kreativ bezeichnete.

Vielleicht war es auch nur ein geschickter Schachzug meiner Agenturchefs, den Kunden gegenüber? Oder es gab noch andere Gründe, an die ich mich nicht mehr erinnere.

Oft werde ich gefragt, wie man es denn schaffen könnte, kreativ oder kreativer zu werden. Für mich ist es eine Frage des Bewusstseins, das man natürlich schulen kann. Es ist eine Frage der Möglichkeit und der Bereitschaft zur Selbst- und Fremdreflexion, es hat mit dem Selbstvertrauen zu tun, das auf der Basis von Wissen aufgebaut wurde.

Auf Wissen aufgebautes Selbstvertrauen bedeutet dabei nicht, das Wissen um sein Wissen, sondern das Bewusstsein, dass Wissen, solange nichts bedeutet, solange man daraus keine neuen Erkenntnisse zieht.

Auch an uns übermittelte Erkenntnisse sollten, besonders für die Weitergabe an Dritte, nur als unpersönliche Informationen betrachtet werden.

Lassen sie mich meinen Standpunkt dazu kurz erläutern.

Wir leben in einer digitalisierten Welt, in der fast alle zur Verfügung stehenden Informationen im Internet bereitstehen. Diese Sammlungen sind hervorragend dazu geeignet, um sich Kenntnisse, oder Wissen gegenseitig zur Verfügung zu stellen. Alles, was manifestiert im Internet zu finden ist, kann als Wissen bezeichnet werden, das entweder bestimmten Wahrheiten oder Wahrnehmungen entspringt. Informationen, die als Mutmaßungen oder Falschinformationen geteilt werden, lasse ich hier außer Acht.

Im Bereich der Kreativität können wir das, in welcher Form auch immer, geteilte, seriöse Wissen, als Information nutzen, um daraus Neues zu generieren. Es ist sinnlos eine gefundene, bestehende Idee als neue Idee zu verkaufen, nur weil sie bisher nicht bekannt war.

Lassen sie uns vorhandenes Wissen im besten Fall nur als Inspirationsquelle verwenden.

Es ist, als wenn wir aus vorgefertigten Bausteinen immer wieder neue Formen bilden, auch wenn die Möglichkeiten groß sind, wirklich Neues, ist mit den gegebenen Elementen kaum möglich. So wird klar, auch durch die Zusammensetzung von unterschiedlichem, vorhandenem Wissen wird es schwierig, ohne weitere Zutaten, neue Ideen zu generieren.

Was können wir als neue Zutaten verwenden und generieren? Alles, was hier zu nennen ist, kann unter dem Begriff »Persönlichkeit« zusammengefasst werden.

Es geht darum, allgemeine Eindrücke zu sammeln oder sollte ich besser sagen zuzulassen? Es ist wichtig, sich ein Bewusstsein dafür aufzubauen, dass es oft nicht die klar zu definierenden Eindrücke sind, die ultimativ für Inspirationen zuständig sind. Kreativität wird befruchtet durch Eindrücke, die wir quasi als Vorrat sammeln, die wir bewusst in unser Unterbewusstsein entlassen sollten, da wir sie im Moment der Aufnahme noch nicht zuordnen können.

Oft höre ich, dass es doch fast unmöglich sei, so viele Eindrücke unsortiert zu sammeln. Eine Sortierung wäre tatsächlich fatal, weder sortiere ich, noch schaffe ich eine Hierarchie nach vermuteter Relevanz. Ich sammele einfach. Gefühlt lege ich alles unsortiert in einen großen Karton, meinen Speicher im Unterbewusstsein. Sortierungen jeder Art würden dazu führen, dass meine Eindrücke in Verbindung zu bestimmten Schlagworten oder Aufgaben gebunden werden, bereits damit würde ich ihnen die Möglichkeit nehmen, mich in einem kreativen Prozess zu unterstützen. Also sammeln sie ohne System: Gerüche, Geräusche, Gesprochenes, Farben, Helligkeiten, Handlungen, Worte, Kontraste, Bewegungen, Gewöhnliches und Ungewöhnliches, Empfindungen und Gefühle. Nehmen sie einfach alles achtsam auf. Machen sie sich bewusst, dass sie alles gut gelaunt in Ihr Unterbewusstsein entlassen können. Nichts, was sie sich gerade nicht merken wollen, müssen sie sich merken. Ihr Speicher, in das alles abgelegt werden darf, ist ausreichend dimensioniert!

Bei vielen meiner Einfällen erkenne ich erst Monate später, welche Eindrücke eventuell dazu gedient haben könnten, mich auf eine bestimmte Idee zu bringen, mich zu inspirieren. Fast nie weiß ich, welcher gesammelte

Eindruck letztendlich zur Inspiration, zum Geistesblitz, oder wie auch immer wir das bezeichnen möchten, geführt hat.

Mit den Bewusstsein und Vertrauen, dass uns alle Geistesblitze zur rechten Zeit, fast unbemerkt inspirieren, schaffen wir einen Fundus an Inspirationsfutter, das uns zu einer späteren Zeit zugutekommt.

Wer sich auf diese Art positioniert, um seiner Kreativität eine Chance zu geben, hat die besten Aussichten, diese auch in sein berufliches Umfeld zu integrieren.

Es gibt so etwas wie ein kreatives Verständnis, das viele erfolgreiche Persönlichkeiten auszeichnet, auch die, die nicht in erster Linie kreative Leistungen erbringen müssen.

Ich nenne es gerne: **Die persönliche Linie des ideenreichen Erfolges.**

Sie ist gar nicht an die Kreativität gebunden, jedoch gibt es eine Menge Studien, die besagen, dass vieles, was in dieser Linie aufgeführt ist, gerade auch kreative Menschen auszeichnet.

Sie beginnt beim:
Sein ‣ dem bewussten Agieren mit der eigenen Persönlichkeit. Das sollte immer unser Handeln bestimmen!

Es folgt die:
Neugier ‣ wir nehmen mit Interesse möglichst alles wahr.

Begeisterung ‣ ist der nächste Schritt. Erkennen wir, dass uns etwas begeistert, was wir neugierig aufgenommen haben, sind wir bereits in der Stufe der besonderen Aufmerksamkeit.

Faszination ‣ folgt die Faszination der Begeisterung, sind wir im Thema. Die Faszination sorgt dafür, dass wir uns intensiv mit weiterführenden Themen beschäftigen.

Motivation ‣ wenn wir bemerken von einem Thema fasziniert zu sein, folgt die Motivation automatisch. Externer Ansporn ist nicht mehr nötig.

Ausdauer ‣ sie bringt die Motivation mit sich, so werden Ziele erkennbar und erreichbar. Ideen werden generiert und haben Zeit zu reifen.

Erfolg ‣ das ist das logische Ende dieser Linie zu Persönlichkeit und Erfolg.

Fehlt noch das...
Bleiben ‣ wer auch den Erfolg in seine Persönlichkeit integriert, wird »die persönliche Linie des ideenreichen Erfolges« auch in der Zukunft wiederholen können.

Die persönliche Linie des ideenreichen Erfolges:

- ‣ **Sein**
- ‣ **Neugier**
- ‣ **Begeisterung**
- ‣ **Faszination**
- ‣ **Motivation**
- ‣ **Ausdauer**
- ‣ **Erfolg**
- ‣ **Bleiben**

Was zeichnet Kreative aus ?

In vielen meiner Vorträgen und Büchern erwähne ich die Studien, die zahlreich durchgeführt wurden, um herauszufinden, was die Kreativen auszeichnet. Es gibt einige davon und ich bin immer wieder verblüfft, wie sie sich ähneln. Ich stelle mir oft die Frage, wie sehr bei den Untersuchungen, oder, um nicht deren wissenschaftliche Seriosität in Frage zu stellen, bei den Antworten, ein vielleicht etwas verklärtes Wunschdenken zugrunde liegt.

Im folgenden Artikel der Huffington Post aus dem Jahre 2014 über das Geheimnis der Kreativität mit dem Titel: »So ticken einfallsreiche Menschen« werden sechzehn Eigenschaften beschrieben, die man Kreativen unterstellt.

Das Geheimnis der Kreativität: So ticken einfallsreiche Menschen
‣ Huffington Post USA | Veröffentlicht: 06/03/2014 19 33 CET | Aktualisiert: 07/03/2014 09:40 CET

1. Sie sind Tagträumer.
Kreative Menschen wissen, dass Tagträumerei alles andere als Zeitverschwendung ist, auch wenn ihre Lehrer innen etwas anderes gesagt haben. Laut Psychologin Rebecca L. McMilliar, Ko-Autorin des Aufsatzes »Ode an das konstruktive Tagträumen«, kann das Durchwandern von Gedanken den Prozess der »kreativen Inkubation« fördern: das heißt Ideen können geboren werden. Und viele von uns wissen, dass die besten Gedanken meistens aus dem Nichts kommen, wenn wir mit unserem Geist eigentlich irgendwo anders sind.
Tagträumerei mag manchen sinnlos erscheinen, jedoch zeigt eine Studie von 2012, dass sie hohe Intelligenz voraussetzt. Tagträumerei festigt im Gehirn Verbindungen und erzeugt Erkenntnisse. Neurowissenschaftler haben sogar herausgefunden, dass Tagträumerei die gleichen Vorgänge im Gehirn auslöst wie Vorstellungsvermögen und Kreativität.

2. Sie beobachten alles.
Für Kreative ist die Welt ein Spielplatz, denn sie sehen überall Möglichkeiten und nehmen ständig Informationen auf, die Futter für weitere Gedanken sind. Der Schriftsteller Henry James sagte nicht umsonst, dass ein Autor jemand sei, bei dem »nichts verloren geht«.

Die Literatin Joan Didion trug immer ein Notizbuch bei sich. Sie schrieb Beobachtungen von Menschen und Ereignissen nieder. Das tat sie vor allem um ihren eigenen Verstand besser zu verstehen.

3. Sie arbeiten zu der Tageszeit, die gut für sie ist.

Viele große Künstler haben gesagt, dass sie entweder in den frühen Morgenstunden oder spätabends am effektivsten arbeiten. »Lolita«-Autor Vladimir Nabokov begann sofort nach dem Aufstehen um 6 Uhr mit dem Schreiben und Frank Lloyd Wright stand immer gegen 3 Uhr morgens auf, arbeitete mehrere Stunden und ging dann wieder ins Bett. Egal wann für sie die richtige Zeit ist, kreative Menschen richten ihren Tag immer nach der effektivsten Arbeitszeit aus.

4. Sie sind gerne alleine.

»Wenn man offen sein will für Kreativität, muss man wissen, wie man die Einsamkeit konstruktiv nutzt. Man muss die Angst vor dem Alleinsein überwinden«, schrieb der amerikanische Psychologe Rollo May.

Künstler sind oft Alleingänger. Und Einsamkeit kann der Schlüssel zu Produktivität sein. Für Kaufmann führt dieser Fakt zurück zur Tagträumerei – wir müssen uns die Zeit für uns alleine geben und unseren Gedanken erlauben umherzuwandern.

»Sie müssen einen inneren Monolog führen und fähig sein, diesen auch auszudrücken«, sagt er. »Es ist schwer diese innere Stimme zu finden, wenn es Ihnen schwer fällt, mit sich selbst in Verbindung zu treten und sich zu reflektieren.«

5. Sie nutzen Lebenskrisen für sich.

Die meisten der besten Geschichten und Lieder unserer Zeit entstanden aus großem Schmerz und gebrochenem Herzen. Das Paradoxe dabei: Diese Herausforderungen waren oft der Katalysator für große Kunst. Ein neues Feld der Psychologie mit dem Namen »Posttraumatisches Wachstum« erforscht genau diesen Zusammenhang. Forscher haben herausgefunden, dass Traumata Menschen dabei helfen zu wachsen: Sie nehmen zwischenmenschliche Beziehungen besser wahr, sie sind spiritueller, zeigen mehr Wertschätzung für das Leben, haben mehr persönliche Stärke und erkennen neue Möglichkeiten im Leben.

»Eine Menge Menschen nutzen diese Schicksale als Gelegenheit, eine anderen Perspektive einzunehmen«, sagt Kaufman. »Ihre Sicht auf die Welt als sicherer Ort ist erschüttert. Das zwingt sie, Dinge in einem neuen Licht zu sehen. Und das ist sehr förderlich für Kreativität.«

6. Sie suchen neue Erfahrungen.

Kreative Menschen lieben es, sich neuen Erfahrungen, Gefühlen oder Gedankengängen zu stellen. Diese Offenheit ist ein wichtiges Anzeichen für Kreativität.

»Offenheit für neue Erfahrungen ist genau genommen der stärkste Indikator für Kreativität«, sagt Kaufman. »Das hat viele Facetten, aber sie stehen alle in Beziehung zueinander: Intellektuelle Neugierde, Suche nach Nervenkitzel, Offenheit gegenüber Emotionen und Fantasie. Dadurch, dass diese Facetten durch neue Erfahrungen zusammengebracht werden, entsteht eine kognitive und verhaltenstechnische Explosion deiner inneren und äußeren Welt.«

7. Sie machen Fehler.

Ausdauer ist eine Voraussetzung für kreativen Erfolg, sagt Kaufman. Kreativ arbeiten, ist oft ein Prozess von Versuch und Irrtum – bis man etwas findet, das passt. Und die Kreativen, zumindest die erfolgreichen, lernen schnell, dass sie Fehler nicht persönlich nehmen dürfen.

»Kreative Menschen versagen immer wieder und die wirklich guten sogar sehr oft«, schreibt Steven Kotler bei einem Beitrag von »Forbes«.

8. Sie stellen die großen Fragen.

Kreative sind unglaublich neugierig. Sie wählen ein Leben voller Fragen. Auch wenn sie älter werden, behalten sie den Sinn für Neugierde. Ob durch intensive Gedankenspiele oder Träumerei, Kreative betrachten die Welt um sich herum und wollen wissen warum die Dinge so sind, wie sie sind.

9. Sie beobachten andere Menschen.

Kreative interessieren sich von Natur aus für das Leben anderer. Und wahrscheinlich finden sie so auch die ein oder andere Idee für ein neues Werk. »Marcel Proust hat fast sein ganzes Leben damit verbracht, das Leben anderer zu beobachten. Und er schrieb seine Beobachtungen nieder«, sagt Kaufman. »Für viele Schriftsteller ist das Beobachten von Menschen wichtig. Sie sind scharf darauf, die menschliche Natur zu erforschen.«

10. Sie gehen Risiken ein.

Etwas zu riskieren, ist Teil von kreativer Arbeit und viele Kreative lassen sich regelrecht von der Gefahr inspirieren.

»Es gibt eine starke und wichtige Verbindung zwischen Risiken und Kreativität«, schreibt Steven Kotler, ein Mitarbeiter von »Forbes«. »Kreativität ist der Akt, aus dem Nichts etwas zu kreieren. Das ist nichts für Furchtsame. Zeitverschwendung, Rufbeschädigung, falsche Geldanlagen: Das sind alles Nebenprodukte von Kreativität, wenn es schief gelaufen ist.«

11. Sie betrachten das Leben als eine Möglichkeit sich selbst auszudrücken.

Nietzsche glaubte, dass das Leben als Kunstwerk betrachtet werden soll. Kreative sehen die Welt wohl eher so und sind jeden Tag auf der Suche nach Selbstdarstellung.

»Kreativer Ausdruck ist Selbstausdruck«, sagt Kaufman. »Kreativität ist nichts anderes als ein individueller Ausdruck deiner Bedürfnisse, Wünsche und deiner Einzigartigkeit.«

12. Sie folgen ihrer wahren Leidenschaft.

Kreative Menschen scheinen auf eigenwillige Weise motiviert zu sein. Sie sind motiviert aus einem inneren Wunsch heraus zu handeln und nicht aufgrund eines externen Wunsches oder aus Anerkennung. Psychologen sagen, dass kreative Personen durch Herausforderungen bestärkt werden, ein Zeichen von inhärenter Motivation.

»Starke Schöpfer lassen sich auf leidenschaftliche Weise auf Herausforderungen und risikoreiche Probleme ein. Denn so können sie auf kraftvolle Weise ihre Talente nutzen«, schreibt M.A. Collins und T.M. Amabile in »Handbuch der Kreativität«.

13. Sie gehen über bestimmte Denkmuster hinaus.

Kaufman argumentiert, dass Tagträumerei uns auch dazu verhilft, aus den eigenen begrenzten Perspektiven herauszutreten und andere Denkmuster zu erforschen, die wiederum die kreative Arbeit fördern.

»Tagträumerei ermöglicht uns die Gegenwart loszulassen«, sagt

Kaufman. »Die gleiche Region im Gehirn, die für die Tagträumerei zuständig ist, ist es auch für gedankliche Theorien. Dieses Netzwerk bezeichne ich auch gerne als das »Netzwerk der Vorstellungen«. Es ermöglicht uns, sich die Zukunft vorzustellen, aber es erlaubt uns auch uns vorzustellen, was andere denken.«

Forschungen zeigen, dass kreatives Denken auch dadurch gefördert werden kann, wenn man die Perspektive einer anderen Person einnimmt.

14. Sie vergessen die Zeit.

Wenn kreative Menschen schreiben, malen, tanzen oder sich auf irgendeine Weise selbst ausdrücken, kommen sie oft in ihre eigene »komfortable Zone« oder wie man es noch bezeichnen könnte: in den »Flow State«, den Zustand des Flusses. Er verhilft ihnen zu einem hohen Level an Kreativität. Sie sind im Fluss mit ihrer Arbeit. Das ist ein mentaler Zustand geprägt von Konzentration und Ruhe. Wenn jemand in diesem Stadium ist, ist er immun gegen internen oder externen Druck. Genauso wie gegen jegliche Ablenkungen.

Sie kommen in diesen Zustand, wenn Sie eine Aufführung haben, bei der Sie besonders gut sind oder sich einer bestimmten Herausforderung stellen.

»Kreative Menschen haben Dinge gefunden, die sie lieben. Aber sie haben auch die Eigenschaft herausgebildet, sich in eine Art treibenden Zustand zu begeben«, sagt Kaufman. »Dieser Zustand erfordert eine Übereinstimmung zwischen den Fähigkeiten und der Aufgabe oder Aktivität, die Sie gerade vollbringen.«

Sie umgeben sich mit Schönheit.

Kreative haben einen hervorragenden Geschmack und sie genießen es von Schönheit umgeben zu sein.

Eine Studie, kürzlich veröffentlicht in dem Journal »Psychology of Aesthetics, Creativity, and the Arts« zeigt, dass Musiker – auch Musiker aus Orchestern, Musiklehrer und Solisten, sich zu kreativer Schönheit hingezogen fühlen.

15. Sie verbinden die Punkte.

Wenn es etwas gibt, was andere Menschen von Kreativen lernen können, dann ist es die Fähigkeit, Visionen zu haben. Möglichkeiten zu entdecken, wo andere keine finden. Große Künstler und Schriftsteller haben gesagt, dass Kreativität die Fähigkeit ist, einzelne Punkte miteinander zu verbinden. Also Verbindungen zu schaffen, die andere niemals finden würden. In den Worten von Steve Jobs:

»Kreativität heißt: Dinge miteinander verbinden. Wenn Sie kreative Menschen fragen, wie sie etwas geschaffen haben, fühlen sie sich ein bisschen schuldig, weil sie gar nicht wirklich etwas getan, sondern nur etwas gesehen haben. Es war einfach offensichtlich für sie. Deswegen waren sie fähig, Erfahrungen zu verbinden und neue Dinge zu kreieren.«

15. Sie lassen Dinge hinter sich.

Kreative lassen gerne Dinge hinter sich, erfahren Neues und vermeiden alles, was das Leben monoton und alltäglich macht.

Kreative Menschen machen mehr unterschiedliche Erfahrungen. Und: Gewohnheit ist der Killer von Kreativität.

16. Sie nehmen sich Zeit für Achtsamkeit.

Kreative Menschen verstehen den Wert eines klaren und fokussierten Verstandes, weil sie ständig daran arbeiten. Viele Künstler, Unternehmer, Schriftsteller und andere Kreative, meditieren. Ein Werkzeug, um ein hohes kreatives Level zu erreichen.

Die Wissenschaft zeigt, dass Achtsamkeit tatsächlich die geistige Kraft auf verschiedene Weise ankurbeln kann. Eine bei Science Daily veröffentlichte, dänische Studie von 2012 besagt, dass bestimmte meditative Techniken kreatives Denken begünstigen.

(https://www.sciencedaily.com/releases/2012/04/120419102317.htm)

Achtsamkeit-Übungen verbessern das Gedächtnis, steigern das Wohlbefinden, reduzieren Stress und Ängste und bringen mehr mentale Klarheit.

Soweit mit dieser Aufzählung der typischen Eigenschaften von Kreativen. Immer wenn ich diesen Artikel vor Augen habe bin ich beeindruckt, ich erkenne so viele Grundlagen wieder, die auch ich dafür verantwortlich mache, wenn ich auf der Suche nach dem Ursprung einer Idee bin. Gerne würde ich noch zwei Punkte hinzufügen:

1. Kreative fragen nach dem Warum.

Ich bemerke immer wieder im Kreise von Kreativen, dass wir eine große Faszination für die Frage nach dem Warum entwickeln. Das Interessante dabei scheint mir der Zeitpunkt, an dem diese Frage gestellt wird. Wir stellen sie fast immer auch zum Abschluss. Die Suche nach dem erklärbaren Fazit, warum eine Idee erfolgreich war oder auch nicht und wo der Ursprung der Idee zu suchen ist, kann immer erst gestellt werden, wenn der kreative Prozess abgeschlossen ist. Dabei suchen wir nicht nach der Inspiration, die uns auf eine Idee gebracht hat, sondern nach dem mentalen Impuls, wir suchen nach dem Ursprung der Faszination, die uns den intensiven Weg, hin zur Lösung, ermöglicht hat.

All die bereits genannten Eigenschaften lassen den Flow erkennen, den sich Kreative mit absolutem Bewusstsein hingeben. Es ist der oft beschriebene Tunnel, der Menschen völlig von der Umwelt isolieren kann, den ich immer wieder im kreativen Prozess erlebe. Ich kann es auch nur so beschreiben, und es ist bildhaft für mich: Innerhalb des kreativen Tunnels wird man von einer fast physisch spürbaren Faszination getragen, in der jeder Gedanke und sei er noch so abwegig, scheinbar nur dazu da ist, mich einem mir völlig unbekannten Ergebnis ein Stück näherzubringen.

2. Sie tun es

Auch das ist typisch für Kreative. Sie belassen es nicht bei einem Gedanken und sie scheinen jeden Konjunktiv, fast schon zwanghaft, in die Tat umsetzen zu wollen.

Kreativität lernen

Ich habe bereits beschrieben, wie wir an unserer Persönlichkeit, unserer Aufnahmefähigkeit arbeiten können. Wie wir bewusst zu einer Einstellung finden, in der wir dem kreativen Samen, der in jedem von uns steckt, den Nährboden bereiten können, um der Kreativität eine Chance zu geben.

Es geht nicht darum, Kreativität als Wissen oder feststehende Technik zu vermitteln, es geht darum, das Bewusstsein für Aufmerksamkeit zu schärfen. Kreativität muss ihren Ursprung in der Persönlichkeit der Schaffenden haben, ohne Individualität kann es keine Kreativität geben, egal ob wir wirklich Neues schaffen oder Bestehendes neu anordnen oder in einen anderen Kontext bringen. Wenn der neue Ansatz, die neue Idee oder der neue Gedanke nicht direkt einer Person oder einem Team zuzuordnen ist, darf überlegt werden, wie weit es sich um eine kreative Lösung oder um eine Modifikation handelt. Der Grad zwischen intelligenten Modifikationen, und kreativen, neuen Ideen ist klein und man kann behaupten, dass beiden eine kreative Grundhaltung zugrunde liegen muss. Auch hier gilt, ein Gefühl für die Art der Kreativität zu entwickeln und ohne Wertungen eine Einschätzung für die Basis der Ideen vorzunehmen. So kann man Kreativität trainieren, der ehrliche Umgang mit der Inspirationsquelle ist die Basis für eine bewusste Kreativität. Wenn mir der Ursprung meiner Ideen, zumindest vage, bekannt ist, lässt sich damit eine Idee weiterführen. Auch mit den Bausteinen der Kreativität sollte man bewusst umgehen, so lassen sich Inspirationen aus unterschiedlichen Quellen kombinieren. Kaum eine Idee kommt aus dem völligen Nichts.

Damit ist eine Basis geschaffen, mit der sich eine Grundeinstellung zu dem Vorhaben, die Kreativität zu steigern, aufbauen lässt. Wer die eigenen Möglichkeiten zur Kreativität hinterfragen möchte, dem gebe ich den Rat, seine eigenen Gedanken zu hinterfragen. Die Frage nach einer Idee sollte dabei mit einem: »Warum?«, beginnen. Dahinter verbergen sich die Strukturen, der Ströme, aus unbewusst abgesicherten Inspirationen und bewusst hinzugefügten Zutaten, die sich oft aus dem Zusammenhang zur

Anforderung ergeben. Wer hier nach dem Warum fragt, hat die Chance, auch nicht direkt ersichtliche Zusammenhänge zu erkennen, abzuleiten oder vielleicht sogar zu generieren.

Die Frage nach dem »Wie« empfinde ich als technische Frage, sie scheint die Frage nach einem Muster, einem Lösungsvorschlag zu sein, auf den wir uns berufen können.

Wer kreativ sein möchte, sollte sich der Gefahren bewusst sein, die sich aus einfachen Ableitungen ergeben können. Das Naheliegende ist selten das, was wir suchen.

Ein weiterer, von mir oft als kompliziert empfundener Aspekt, ist der, der direkten Zuordnung von Informationen. Wir scheinen nur ganz selten in Situationen zu sein, die mit einer einzelnen, gerichteten Aufmerksamkeit adäquat beachtet werden können.

Der Aufmerksamkeit oder besser, der ungeteilten Aufmerksamkeit, wird oft eine falsche Bedeutung zugeschrieben. Wer seine Kreativität schulen möchte, sollte die Technik der geteilten Aufmerksamkeit beherrschen.

Es ist ein Vorteil, Aufmerksamkeit teilen zu können, auch dann, wenn wir in einer Situation sind, die ein bestimmtes Maß an Konzentration erfordert. Es geht darum, weiteren Dingen, die sich parallel in einem Raum oder in einer Situation ergeben, eine Möglichkeit zu geben, sich mit dem Hauptaugenmerk zu verbinden. So ergeben sich ungeahnte Synergien. In der Psychologie bezeichnet man das als die Energie, die für den Zusammenhalt und die gemeinsame Erfüllung von Aufgaben zur Verfügung steht.

Immer dann, wenn nicht nur sachbezogene Informationen geteilt werden, halte ich die ungeteilte Aufmerksamkeit, aus kreativer Sicht, sogar für hinderlich.

Die ungeteilte Aufmerksamkeit ist eine Aufmerksamkeit mit starker Fokussierung, sie bedeutet Einschränkung und »eingeschränktes Kommunizieren!«

Das klingt im ersten Moment hart und fast schon negativ. So soll es auf keinen Fall gemeint sein, eingeschränktes Kommunizieren ist immer dann notwendig, wenn Wissen oder Erkenntnsse als Basis für ein weiteres Vorgehen geteilt werden. Erst wenn dieser Informationsfluss beendet ist, müssen wir die Beschränkungen aufheben und eine Zusammenarbeit, einen Austausch mit allen Sinnen fordern.

Mit allen Sinnen teilhaben bedeutet: Nicht eingeschränkt, nicht auf zwanghafte Aufmerksamkeit fixiert, sondern mit möglichen Abschweifungen, die gefühlt mit dem Thema zu tun haben könnten, zu kommunizieren. Spätestens, wenn wir unsere tägliche Arbeit mit solchem Bewusstsein ausführen, kommen wir in einen Bereich, der gerade im kommerziellen Umfeld zu weiterführenden Erkenntnissen führt.

Wir alle haben es sicher schon erlebt, dass wir in eine Situation geraten, in der wir scheinbar gezwungen sind, unsere Konzentration zu halten, obwohl wir bereits längst bemerkt haben, dass wir kaum noch den Fokus auf den Moment halten können. Das kann einige Gründe haben, häufig spielt Langeweile dabei eine Rolle, allerdings auch die Möglichkeit, zusätzliche Informationen aufzunehmen, die sich parallel bieten.
Interessant ist dabei immer wieder, welche Art von Informationen uns dazu verleiten, der Konzentration zu erlauben, sich mit mehreren Dingen zu beschäftigen. Es ist ja nicht so, dass wir nicht in der Lage wären, intensive, fokussierte Gespräche zu führen. Dennoch gibt es scheinbar oft einen Bereich, der eine zusätzliche Aufmerksamkeit erzeugt. Ich nenne es den Randbereich des eigentlichen Themas, der in der Lage ist Brücken zu weiteren Themen zu schlagen. Urteilen sie selbst, inwieweit wir diesen scheinbar ergänzenden Themen eine zusätzliche Aufmerksamkeit schenken sollten. Es liegt an unserer Disziplin, das wahrzunehmen, damit gedanklich und gefühlsmäßig zu arbeiten und dennoch den Fokus auf dem Thema zu halten.

Dies kann eine Übung zur Kreativität sein. Wenn sie heute anfangen, können sie bereits in einigen Wochen die ersten Anzeichen bemerken, wie sie auf zusätzliche Inspirationen zurückgreifen können, die sie unbewusst gespeichert haben.
Sollten sie Glück haben, begegnen sie einem Menschen der es bemerkt, vielleicht macht diese Person sie sogar auf Ihre kreative Ader aufmerksam. Doch Stopp! Wir sprechen in diesem Buch über professionelle Kreativität, eine Kreativität, die auch in kommerziellem Kontext gesehen werden darf. Spricht sie also jemand auf ihre kreative Ader an, sollten sämtliche Alarmglocken schrillen! Hinterfragen sie, was damit gemeint ist, haben sie die Tischdekoration wieder besonders schön gerichtet, den Buchsbaum ungewöhnlich geschnitten, oder ist ihr selbst genähtes Kleidungsstück ganz

zauberhaft? Ich meine nicht, dass sie das freundlich gemeinte Kompliment ablehnen sollten, vielleicht bezieht es sich ja sogar auf ihre kreative Profession. Bleiben sie bei sich, kreativ, souverän. Ich vergleiche ich es immer mit einem Schreiner oder mit einem Gärtner. Ich habe schon einige Tische, Regale und Stühle gebaut, die sind ganz schön und werden oft mit den Worten bewundert: »Ach, an dir ist ein Schreiner verloren gegangen!« Ich denke dann bei mir: »Ja, gegen jeden Schreiner hätte ich wirklich verloren.« Ähnlich ist es mit der Gärtnerei, ich mag gerne Blumen auf dem Tisch und ich schneide im Garten Äste, Gräser und Blumen und kombiniere, was gerade zur Verfügung steht. Das scheint bereits so ungewöhnlich, dass man mich als echten, sogar kreativen, Gärtner bezeichnet! Immer wenn das passiert, sollte ich empört und mit klaren Worten etwas mehr Respekt vor den Gärtner*innen fordern.

Um noch einmal auf Schulungen zur Kreativität zurückzukommen, es ist kaum möglich über pures Wissen die Kreativität zu erweitern. Es ist ein Prozess, der initiiert werden kann und natürlich trage ich gerne zur Inspiration, zu Denkanstößen bei, das geschieht in Gesprächen, am besten im direkten Austausch, in dem Grundlagen für persönliche Erkenntnisse gelegt werden. Man kann Menschen im kreativen Prozess begleiten, man kann kreative Menschen suchen, um in den Dialog zu kommen. Immer dann, wenn eine Person jedoch kreativ gemacht werden möchte, ist diese Absicht bereits das entscheidende Hindernis für das Vorhaben.

Das Nichts zur Inspiration

Ohne das Nichts ist keine Inspiration möglich.

Die Inspiration ist der Impuls, der zu einer Idee führt. Die Kreativität wird also durch das bestimmt, was vor einer Inspiration passiert. Man könnte es den Ursprung der Inspiration nennen, der dafür zuständig ist, in welcher Art und Weise wir inspiriert sind und wie sehr die Kreativität an unsere Persönlichkeit gekoppelt ist.

Ich habe lange darüber nachgedacht, wie meine Ideen entstehen und wo der Ursprung zu suchen ist.

Für mich ist heute völlig klar, dass die Individualität und die Persönlichkeit des Einzelnen, die Art der Kreativität bestimmt. Es sind folgende Eigenschaften, die relevant sind, wenn eine auffallende Kreativität bei Menschen zu bemerken ist.

- ▸ Persönlichkeit
- ▸ Der Sinn für Unbewusstes
- ▸ Reflexion des Bewusstseins
- ▸ Neugier für das noch nicht Bekannte oder Vorhandene
- ▸ Faszination für das, was aus dem Nichts entstehen kann.

Immer wieder stoße ich beim Schreiben dieses Buches auf diese Eigenschaften, sie bemerken in wie vielen Bereichen und unter welchen unterschiedlichen Aspekten sie relevant sind.

Lassen sie mich kurz erläutern, wie ich das Nichts definiere. Es gibt den großen Unterschied, ob ich bei der Suche nach einer Idee, in dem suche, was ich, wenn auch vielleicht im weitesten Sinne, mit dem Gesuchten verbinden kann. Dann suche ich nach der Lösung, die sich anbietet. Es ist für mich die Suche im Vorhandenen, die Suche nach der »Stecknadel im Heuhaufen«, die wir bereit sind zu suchen, wenn wir sicher sind, sie letztendlich auch dort zu finden.

Welche Person würde dort suchen, wenn ich ihr sage, dass es eher unwahrscheinlich ist, dass sich dort überhaupt eine Stecknadel befindet?

Unangemessen und beliebig würde es jedoch angesehen, wenn ich mich entscheide einen Spaziergang zu machen, in einer Umgebung in der keine »Stecknadel« zu erwarten ist und ich auch nicht vorhabe dort bewusst nach ihr zu schauen. Nun bewege ich mich im »Nichts«. Ich befinde mich nicht mehr im Bereich des bewussten Suchens, bin allerdings mit dem Wissen unterwegs, dass eine unerwartete Inspiration eine höhere Wahrscheinlichkeit besitzt, als die ungewisse Suche nach einer definierten Lösung. Es ist wichtig, die Suche im Nichts, oder besser das Bewusstsein dafür, zu manifestieren. Die Suche nach der Inspiration, gerade dort, wo sie vermutlich nicht zu erwarten ist, birgt die überraschenden Erkenntnisse.

Sie bemerken, wie weit wir uns dabei von dem üblichen Vorgehen, von der Norm entfernen, wer sich so verhält, so höre ich es immer wieder, muss schon eine »spezielle Persönlichkeit« haben.

Die Kreativität wird bestimmt aus der Persönlichkeit, mit der das Nichts zur Inspiration werden kann!

Was man falsch verstehen könnte, zu glauben, dass es bei der Kreativität um die Impulse einer einzelnen Person geht, die scheinbar die alles entscheidende Rolle einnimmt, und um deren Statements herum eine Aufgabe, wie auch immer, gelöst werden kann.

Lassen sie mich an dieser Stelle zwischen kommerzieller Kreativität und Kunst unterscheiden.

In der kommerziellen Kreativität geht es um gesuchte Lösungen, meistens für Unternehmen, im größeren Rahmen, für definierte Zielgruppen, für Menschen einer bestimmten Zugehörigkeit, mit bekannten Interessen, Menschen einer Region oder eines Landes oder sogar für Menschen oder Lebewesen allgemein. Die Komplexität der Aufgabe wird deutlich und es liegt auf der Hand, wie viele Einflüsse und Faktoren sich hier vereinen müssen, um mit der Kreativität relevante Impulse zu setzen. Das kann wohl kaum eine einzelne Person leisten.

Kunst hingegen besteht maßgeblich aus Kreativität. In den meisten Fällen wird dabei auf ganz persönliche Art und Weise eine Botschaft einer einzelnen Person transportiert. Selbst wenn mehrere Personen an einem Werk arbeiten, in der Kunst bestimmt eine einzelne Persönlichkeit die Individualität des Gesamtwerkes.

Das kreative Selbst verstehen

Ist es wichtig zu wissen, woher die eigene Kreativität kommt, warum sie wahrscheinlich in jeder Person unterschiedlich entsteht?
Ich habe diese Frage für mich mit einem ganz eindeutigen »Ja« beantwortet. Aus diesem Wissen ergibt sich die Sicherheit, mit der die Kreativität als ein natürlicher Automatismus empfunden werden kann. Nur so können wir sicher sein, dass sie unserer Persönlichkeit entspricht und uns täglich im Unterbewusstsein begleitet. Kreativität lässt sich nicht nach Bedarf ein- oder ausschalten, sie ist ein Teil von uns, je bewusster wir uns dessen sind, umso selbstverständlicher transportieren wir sie nach außen.

Die Auseinandersetzung mit der Kreativität beginnt mit einem, wie auch immer geartetem Bewusstsein dafür. Wie sollte man sonst auf die Frage nach der Herkunft kommen? Bereits diese Reflexion mit dem Thema wird die meisten Personen in unserem Umfeld überraschen. Hier wird klar, dass die meisten Menschen Kreativität für etwas Unbestimmtes halten, viele von Ihnen werden sich noch nie Gedanken darüber gemacht haben. Kreativität nimmt man nicht so bewusst wahr wie Kopfschmerzen. Man sagt vielleicht einmal, dass man sich für kreativ hält, das führt jedoch größtenteils nicht zu einer weiteren, vertiefenden, Auseinandersetzung damit. Kopfschmerzen bekommen mehr Aufmerksamkeit, über sie lässt sich einfacher und konkreter sprechen. Kopfschmerzen sind auch nicht so intim wie Kreativität! Wer ernsthaft über Kreativität spricht, spricht über seinen Spirit, seine Empfindungen, seine Befindlichkeiten, legt etwas von seiner Persönlichkeit offen und macht sich in einer besonderen Sensibilität angreifbar. Kreativität im Ursprung besteht nicht aus nachprüfbaren Fakten, sie besteht einem individuellen, tiefen Gefühl zu allgemeinen Situationen. Wer ernsthaft kreativ Stellung bezieht, tut dies selten mit seinem Wissen, jedoch immer mit seinem Spirit.

Es ist wichtig: Wer sich derart offen positioniert, sollte sich über die Hintergründe klar sein. Vor dem kreativen Prozess zu einem Thema sollte also die Auseinandersetzung mit der eigenen Kreativität stehen. So kann man

persönlich gewährleisten, dass sie auch nicht beliebig ausgeführt wird.
Das kreative Selbst verstehen bedeutet auch,
mein kreatives Selbst verstehen!

Jede Person wird diese Auseinandersetzung mit sich selbst wohl auf unterschiedliche Art und Weise führen. Für mich beschreibe ich es als eine Exkursion, bei der ich mich auf die Suche nach der Herkunft, nach den Gründen, begebe. Es gilt zu ergründen, warum sich in bestimmten Situationen, in denen Ideen gesucht werden, bestimmte Assoziationen fast aufdrängen, die scheinbar keinem Muster unterliegen. Allerdings folgen sie einer Struktur, in der ich ungewöhnliche Gedankenbrücken baue, die oft in ein bewusstes Nichts führen. Da ist es wieder: »Das bewusste Nichts«, und ich meine damit die Sicherheit, mit der ich nach dem Unbekannten suche, von dem ich weiß, dass es existiert, obwohl ich keinerlei Vorstellungen dazu habe.

Der Weg dorthin, dem Erkennen von kreativem Gespür und der Auseinandersetzung damit, kann lang sein. Ich selbst bin ihn nie mit dem Gedanken an die Kreativität gegangen.
Der Ursprung der Kreativität ist nie ihr selbst zu finden.

Früh begann ich mit Farben und Collagen zu arbeiten. Für mich war es eine gute Möglichkeit, zwischen meinen diversen Sporttätigkeiten nicht in Langeweile zu verfallen. Es gibt Arbeiten, die ich im Alter von etwa vierzehn bis sechzehn Jahren angefertigt habe, an die ich mich heute noch erinnere. Leider existieren sie nicht mehr, denn ich wuchs in einem Elternhaus auf, das praktisch veranlagt war. Die Kunst wurde, wenn auch kleinbürgerlich korrekt, beachtet. Mein Vater spielte immerhin hervorragend Violine und Akkordeon. Dennoch waren meine Eltern stets bedacht, dass sich alles im Rahmen der täglichen Abläufe bewegte, man niemals jemand störte und es auch sonst praktisch im Alltag zu integrieren war.
So hatten wir Kinder, mein älterer Bruder und ich, immer alle Freiheiten, wenn es darum ging, uns handwerklich, künstlerisch ist ja auch handwerklich, zu betätigen. Mein Bruder baute Schiffe aus Sperrholz mit Ständer, damit sich die Arbeiten praktisch im Regal aufbewahren und präsentieren ließen. Ich erinnere mich an meine durch den Kunstunterricht initiierte

Phase der Ölmalerei, des Erstellen von Bildern mit Ölfarben und Spachtel. Bereits damals konnte ich ungeduldig genug sein, um mich nicht mit Basics aufzuhalten, ein paar Tuben Ölfarbe, eine Spachtel und dickes Papier, mehr brauchte es nicht, um einen grün-gelben Sonnenuntergang über einem Meer zu spachteln. Mit vier Steinen, die ich auf die Ecken des Kunstwerkes legte, ließ ich das ganz zum Trocknen auf dem Balkon liegen. Klar war mir, als ich nach 2 Tagen einmal vorsichtig mit der Fingerkuppe den Trocken-prozess überprüfte. »Das wird dauern!« Nicht klar war mir, dass meiner Mutter das Werk weder künstlerisch noch praktisch zusagte. Es gefiel ihr nicht, und immer wenn sie es an einen anderen Ort legen wollte, hatte sie grün-gelb verschmierte Hände. Es waren die 1960-er Jahre, die Zeit der Kittelschürze, daraus konnte man nur schwer Ölfarben herauswaschen. Nach gut einer Woche war mein Werk verschwunden, erstens, weil es nie im Leben trocknen würde und zweitens, weil die Flecken aus der Kittel-schürze tatsächlich nicht mehr herausgingen.

Mein zweites Werk, an das ich mich gut erinnere, ist eine Collage; auf einen Karton kaschierte Kleinanzeigen aus der abonnierten Tageszeitung und darauf eine, aus getrockneten Blättern geklebte Silhouette einer, meinem Empfinden nach, anmutigen jungen Dame, wobei nur Schulter und Kopfansatz geklebt waren. Das Ganze in einem selbst gebastelten, oben links geöffnetem Rahmen. Den konnte man dekorativ an die Wand hängen und es wurde ohne Kommentare geduldet. Solange, bis der Grad des Verstaubens nicht mehr akzeptabel war, bis dahin hatte ich mich selbst ein wenig sattgesehen und es ist erst bei einem Umzug Jahrzehnte später abhanden gekommen.

Ich beschreibe das, weil aus diesem Verhältnis zu eigenen Werken und der zumindest in vielen Bereichen kleinbürgerlichen Umgebung, die zum Teil rücksichtslose Kreativität erwuchs, mit der ich später in meinem Beruf Erfolg haben sollte.

Nein, ich mache mich keineswegs über die Kleinbürgerlichkeit meines Elternhauses lustig. Ich betrachte sie mit einer neutralen Distanz und ich kann das mit einer wirklich empfundenen Liebe tun. Ihre Kleinbürger-lichkeit war nicht aufgesetzt. Sie wurde nie hinter verschlossenen Türen gelebt, sondern ganz öffentlich. Es war die gelebte Philosophie meiner Eltern in einem angepassten, unauffälligen Rahmen zu leben. Auffallen wurde um jeden Preis verhindert. So wuchs ich natürlich auch sehr behütet auf, wir waren ein Familienkern der unendlich viel Schutz und Freiheiten bot. Natürlich kann ein solcher Schutz, wenn er bewusst aufrecht erhalten wird, auch zum Manko werden und in einigen Bereichen mehr als nur einengend sein. Heute kann ich das alles ohne Vorwurf beschreiben, es sind die Fakten meines Lebens, in der die Kreativität wahrscheinlich genau so, wie ich sie heute erlebe, entstehen musste. Es ist beruhigend, sie nun auch so beschreiben zu können.

So wird im Folgenden klar, warum ich sehr bewusst aufnehme, sehe, höre, vieles memoriere und mir die sogenannten, allgemeinen Werte, oft große Probleme bereiten.

»Warum sagst Du denn nichts« oder ›Sag doch auch mal etwas« oder »Mensch, Du bist wohl ein ganz Ruhiger«. Diese Sätze habe ich über viele Jahre fast täglich gehört. Menschen, die mich in der letzten Zeit oder nach meinem fünfunddreißigsten Lebensjahr kennenlernten, können nicht glauben, dass ich einmal derart zurückhaltend war. Schüchtern wäre das falsche Wort, ich hielt mich schlichtweg für nicht relevant, oder, um es präziser auszudrücken, ich hielt nicht für relevant, was ich zu sagen gehabt hätte. Das trifft es ziemlich genau. Wenn ich den Grund dafür nenne, höre ich oft ein: »Wie konnte man nur«, oder ein »Ach, wie fürchterlich!«. Nun, wie man konnte (meine Eltern), weiß ich nicht. Mir ist klar, dass es nie mit einem Bewusstsein ausgesprochen wurde, dass mein Gesagtes uninteressant empfunden wurde. Fürchterlich empfand ich es nur viele Jahre später in meiner persönlichen Retrospektive, als ich die Gründe für meine teilweise Sprachlosigkeit erkundete. Zum Glück traf ich Personen, die mir dabei außerordentlich behilflich waren.

Es zu benennen fällt mir heute noch nicht leicht, da ich mich allerdings dazu entschlossen habe einen auch persönlichen Einblick in das zu geben, was ich als professionelle Kreativität bezeichne, gehört dieser »Erfahrungssplitter« dazu. Nicht, dass man ihn braucht, bei mir hat er, spätestens als ich ihn mit seinen Auswirkungen erkannte, dazu geführt, die Faszination für die unbeteiligte Neugier zu entdecken. So beschreibe ich die Neugier für alles, die Neugier auch für das Umfeld, das mich gerade nicht betrifft. Es ist das pure, scheinbar sinnlose horten von Eindrücken.

»Erfahrungssplitter« ist mein Wort dafür. Ich war wohl im Alter von etwa sieben oder acht Jahren, ein kleines lockiges Unruhepaket, das nicht lange ruhig sitzen konnte, und das noch viel weniger lange den Mund halten konnte. Ich denke heute, es gab damals nichts, das ich aufnahm, ohne es mit Wichtigkeit wahrzunehmen und zu kommentieren. Ständig und immer! So kam es, dass mein Redefluss auch schon einmal damit unterbrochen wurde, dass mir mein Vater: Fünf deutsche Mark bot, wenn ich dafür nun endlich einmal meinen Mund für eine Stunde hielt. Das war in den 1960-er Jahren eine Menge Geld! Irgendwann muss ich, wahrscheinlich sogar ziemlich unbewusst, bemerkt haben, wie wertvoll es für meine Umwelt sein kann, wenn ich ruhig bin und nicht rede.

Später führte das dazu, mich selbst sehr zurückzunehmen. Das Geschehen um mich herum konnte ich so, auch das wurde mir viel später erst bewusst, in einer Aufmerksamkeit aufnehmen, die mich dazu befähigte, auch ungewöhnliche Verknüpfungen zu sehen oder für mich individuell zu konstruieren. So dauerte es etwa bis zu meinem achtundzwanzigsten Lebensjahr, bis ich einen Kommunikationskurs belegte. Hier benötigte ich dann einige Wochen, mich dort integrieren zu können. Der Leiterin des Kurses und ihren Assistentinnen bin ich heute noch dankbar, mich so nachdrücklich unterstützt zu haben. Damals war es mir nicht möglich vor mehr als zwei Personen zu sprechen, heute habe ich bereits in großen Sälen vor tausenden Menschen gesprochen und ich freue mich auf meine nächsten Vorträge vor großem Publikum.

Es war also die Sprachlosigkeit, die Kapazitäten brach liegen ließ, die ich in anderen Bereichen gut einsetzen konnte, um dort einen Vorsprung an persönlichem Input zu generieren. Mit fast unanständiger Neugier nehme ich noch heute an vielen Ereignissen teil, verfolge Situationen und Handlungen mit einer tiefen inneren Ruhe, die ich wahrscheinlich dadurch habe, dass ich mich eben nicht mitteile, seltener spontan reagiere oder gar oberflächlich kommentiere.

Am Leben teilzuhaben, ist natürlich großartig und lässt uns sozialisiert erscheinen. Das Leben einfach nur zu beobachten, lässt mich oft staunen und hilft mir, die Dinge differenziert und dadurch vielleicht auch neutraler zu verstehen. Ich habe gelernt, dass alles, auch Sprache, Gedanken und kreative Schlüsse, die wir aus subjektiven Eindrücken ziehen, im Verhältnis zueinander stehen.

Gut 35 Jahre habe ich als Werbefotograf gearbeitet, nach wie vor reizen mich besondere Aufnahmen mit einer hintergründigen Bildaussage. Bilder, die dem Betrachter Interpretationsspielraum lassen. Die Bildbetrachtung sollte einer guten Diskussion ähneln, ein Bild, das ich anschaue, sollte eine Meinung in mir entstehen lassen, die ich im eigenen Dialog prüfen, festigen oder auch verwerfen kann. Gute Bilder funktionieren durch den Spirit der Autor*innen. Es ist wie in einem Buch, hier fragt niemand, ob es der Persönlichkeit der Verfassenden entspricht, natürlich tut es das, ein Vortrag eines Philosophen ohne dessen persönliche Analysen wären wahrscheinlich Zitate oder Geschwätz.

Eines hat mich als Fotograf nie ausgezeichnet, das ist eine nachhaltige Beziehung zu meinen Bildern.
Jetzt, wo ich nicht mehr, mit der Selbstverständlichkeit der letzten Jahre, auch morgen ein Bild fotografieren werde, fällt mir die Antwort auf die Frage nach meinem besten Bild schwer. Bisher habe ich die Frage: »Welches ist dein bestes Bild?«, mit: »Das fotografiere ich morgen!«, beantwortet. Heute kann ich darauf nur antworten: »Es gab nie ein bestes Bild von mir!« Ich schaue zurück auf viele Bilder, die ich alle mit großer Begeisterung fotografierte. Sie entstanden alle mit Ideen, die eine kompromisslose Umsetzung erforderten. Ich sehe nicht die Fotografien, ich sehe die Gedanken dahinter, die erlebte Faszination, die hinter dem Sichtbaren steht. Vielleicht ging es mir nie um Abbildungen, sondern um so etwas wie die Vermittlung der aus meiner Neugier resultierenden Empfindungen.

In der Kreativitätsforschung spricht man auch von der intrinsischen Motivation. Das »intrinsische Motivationsprinzip der Kreativität« besagt, dass intrinsisch motiviertes Handeln für Kreativität förderlich ist. Intrinsische Motivation ist die Motivation, an einer Sache primär um ihrer selbst willen zu arbeiten, weil es Spaß macht, befriedigend, herausfordernd oder anderweitig fesselnd ist. Menschen sind am kreativsten, wenn sie durch ein leidenschaftliches Interesse motiviert werden. In Selbst-Auskünften, in denen nach der Motivation, einer kreativen Tätigkeit nachzugehen, gefragt wurde, wurden u. a. genannt: die Möglichkeit, seine Vorstellungskraft zu nutzen; sich frei zu fühlen; Emotionen zu regulieren; sich selbst ausdrücken; und das Selbstwertgefühl zu stärken.

Das kreative Selbst verstehen,
so lautet die Überschrift dieses Kapitels. Ich hoffe, ich konnte ihnen hier
einige Beispiele geben, mit welchem Wert ich die Kreativität betrachte.
Wer im kommerziellen Bereich von Kreativität spricht, sollte sich der Tiefe
dieses Bereiches in Wissen, Persönlichkeit und Individualität bewusst sein.

Der kreative Transport

Es braucht Mut, Kreativität als Idee zu transportieren. Die kreative Idee ist
einfach zu transportieren, die Kreativität als Idee, als Werkzeug ohne eine
auf der Hand liegende Lösung zu präsentieren, ist schon deutlich mutiger.
Es gibt nur zwei Möglichkeiten, entweder man hat bereits im Neuen, im
Unbekannten gesucht, was zumindest als kreativer Ansatz gewertet werden
könnte, oder man ist noch völlig unschlüssig und hat keine vorgefertigte
Antwort auf eine zu lösende Aufgabe. Auch in diesen ganz praktischen
Situationen hilft es immer, sich darüber im Klaren zu sein, dass die Lösung
nicht kreativ sein wird, der Weg, der Prozess, der zur Lösung findet allerdings
schon. Wenn zum guten Schluss ein Auftraggeber von einer kreativen
Lösung spricht, sollte es uns nicht schwerfallen, auch das zu akzeptieren.
Die Kreativität kann es nicht leisten, ein Produkt in achtzig Prozent der
üblichen Zeit zu produzieren, ein kreativ modifiziertes Verfahren kann das.
Es ist also wichtig, sich mit der Kreativität entsprechend zu positionieren.
Lassen sie uns Klarheit darüber schaffen, wie eine kreative Leistung trans-
feriert werden kann. In der Kunst ist das recht offensichtlich. Alle künstlerischen Werke, Gemälde, Skulpturen, Bauwerke, Bücher, Designobjekte
und so weiter definieren sich eindeutig über die vorhandene Kreativität in
der Arbeit. Hier findet man eine große Selbstverständlichkeit vor, in der die
kreative Leistung mit den Persönlichkeiten der Autor*innen verschmilzt.
Alle bekannten Maler definieren sich in erster Linie mit dem Namen und
dann, fast schon zweitrangig, mit ihrem Stil und der Art ihrer Arbeit. Große

Architekten bauen in ihrem Stil und gehören zu einer Berufsgruppe, die sich, wie kaum eine andere, bei jeder Aufgabe neu definieren muss. Es gibt kaum ein Haus, sehen wir mal von den Siedlungshäusern ab, das mehrmals gleich gebaut wird. In jedem gut geplanten Haus finden wir die persönliche, und natürlich auch kommerzielle Kreativität der Architekt*innen. Denken sie an Modedesigner*innen, der in der persönlichen Kreativität verankerte Stil trägt sogar oft ihren Namen. Zur Kreativität einer Coco Channel oder eines Karl Lagerfeld muss man keine Erklärungen abgeben, sie ist in allen Bereichen ihrer Arbeit spür- und sichtbar.

Wahrscheinlich werden es die meisten Personen von uns wohl nicht schaffen, mit den genannten Prominenten in einem Atemzug genannt zu werden. Dennoch gilt es, im Alltag, den Bereich »Kreativität«, mit der von uns gewünschten Wertigkeit, mit unserem »Job« zu verknüpfen.

Immer komplexer werden die Aufgaben, die wir im täglichen Business zu erfüllen haben. Es gibt sie kaum noch, ich nenne sie gerne Monojobs, die Jobs, die mit einer einzigen, klar definierten Tätigkeit zu erledigen sind. Ineinander greifende Bereiche werden häufig zusammengefasst und lassen sich so effektiver bearbeiten. Natürlich wird dadurch jede Arbeit anspruchsvoller und fordernder und im stetigen Wandel ändern sich einzelne Bereiche und Anforderungen.

Einen Bereich sollten sie immer in Ihre Arbeit integrieren, denn er ist entscheidend dafür, wie sie wahrgenommen werden und mit welcher Hingabe, welcher vielleicht sogar unbewussten Einstellung, sie täglich ans Werk gehen. Sie kennen den Bereich, er heißt Kreativität.

Egal, welchen Beruf sie haben, ob sie als Kassierer*in oder im Management angestellt sind, mit Ihrer Persönlichkeit, mit ihrer individuellen Art der Arbeitsbewältigung schaffen sie kreative Impulse. Ich könnte es auch in der anderen Reihenfolge beschreiben: Mit Ihren kreativen Impulsen werden sie im Business als wertvolle Persönlichkeit wahrgenommen.

Genau hier steckt das kreative Potenzial dass sie zu zukünftigen Erfolgen bringen wird.

Ratlos und im Flow sein

Sie kennen es, eine neue Aufgabe wird an uns herangetragen und bei aller Faszination, die sie in sich birgt, herrscht zunächst einmal große Ratlosigkeit. Die meisten Menschen werden froh sein, wenn diese sich legt und sie spontan auf Ideen, Wissen und Werkzeuge zurückgreifen können, mit denen sich Herausforderungen lösen lassen.

Wie wäre es, wenn wir diese ersten, spontanen Ideen für uns selbst nicht zulassen, wenn wir uns selbst absichtlich noch etwas im Zustand der Ratlosigkeit halten. Wenn wir spontane Ideen zunächst als naheliegend, allgemeingültig, durchaus auch beliebig betrachten, wenn wir unsere ersten Ideen verwerfen, dann beginnt der faszinierende Zustand der Ratlosigkeit. Ich behaupte: Wirklich neue Ideen können nur aus der Ratlosigkeit entstehen. Viele meiner Bekannten erzählen mir, dass sie das, gerade auch unter Zeitdruck, niemals aushalten könnten. Ich versuche dann den Unterschied zu erklären zwischen Ratlosigkeit und Hilflosigkeit, die Ratlosigkeit bedeutet doch letztendlich nur sich in einem momentanen Zustand zu befinden, in dem man noch nach weiteren Lösungen sucht. Fatal wird es, wenn wir uns als hilflos, also hilfebedürftig empfinden, dann scheinen uns die entsprechenden Werkzeuge zu fehlen, mit denen wir zu Lösungen finden. Auch das haben sicher alle bereits einmal erlebt. Es gibt Aufgaben, die scheinen nicht »mit eigener Kraft« lösbar zu sein. In solchen Fällen empfinde ich es immer wieder absolut bereichernd in kleinen, kreativen Teams nach neuen Lösungen zu suchen. So finden sich dann nicht nur die Antworten, die gesucht wurden, viel wertvoller scheinen mir die zusätzlichen Ansichten zu sein, die wir in Bezug auf unsere anfängliche Hilflosigkeit empfunden haben. In einem vertrauten Team lassen sich so immer wieder neue Strukturen der Kreativität, und in der Ideenfindung erkennen.

So können wir »Hilflosigkeit« in Ratlosigkeit wandeln, damit können wir bestens umgehen.

Was man nun schnell als Worthülsen abtun könnte, zeigt sich im Business, in der kommerziellen Kreativität als ein machbarer Weg. Es ist ein Unterschied, ob ich Hilfe benötige oder eine Zeit ratlos bin.

»Lassen sie mich überlegen, wie wir uns der Aufgabe nähern, noch bin ich ratlos, ich muss mir noch einige Gedanken machen«, das klingt vertrauenswürdiger, als der Satz: »Ich bin hilflos und kann das nicht lösen!« Ratlos zu sein, bedeutet nicht hilfsbedürftig zu sein. Wer erkennt, dass Unterstützung aus einem Dilemma befreien kann, ist nicht hilflos.

Immer wenn es darum geht Lösungen zu finden, welcher Art auch immer und wir nicht auf Bestehendes zurückgreifen wollen oder können, fühlen wir uns in besonderem Maße gefordert und manchmal sogar überfordert. Der Weg zu einer neuen, guten Lösung ist selten schnell und einfach.

Wie sind die Dinge zu begründen, die uns spontan einfallen, die, die uns nicht ratlos erscheinen lassen? Warum fällt uns etwas spontan ein? Dinge, die wir zu vorhandenen Erfahrungen und zu gelerntem zuordnen können und die so präsent in uns sind, dass wir direkt eine Verbindung herstellen können, lassen uns spontan werden. Das mag in vielen Situationen des Lebens nützlich – vielleicht sogar lebenswichtig – sein. In der Kreation von etwas Neuem ist es zumindest absolut blockierend, wenn wir den Fokus auf schnelle Lösungen legen. Das ist uns Menschen scheinbar so gegeben, wir scheinen es als lobenswert zu empfinden, schnell mit einer Lösung, einer Idee aufwarten zu können. Wir und ebenso unsere Gegenüber sind eher ungeduldig, wir freuen uns über schnelle Lösungen, weil wir damit Probleme abhaken können. Die Faszination zum Detail, die Tiefe, die ein Gedanke oder ein Gefühl haben kann, bemerken wir oft erst, wenn uns der emotionale Kern oder die sachliche Begründung wie auf einem Silbertablett präsentiert wird.

Die Frage: »Warum ist mir das nicht eingefallen« stelle ich mir regelmäßig, wenn ich eine besonders überraschende Lösung sehe und freue mich über solche Bemerkungen: »Wie kommen sie denn jetzt schon wieder auf diese Idee«!

Es ist logisch, dass uns die Variante mit einem direkten Lob zu unserer Idee mehr befriedigt, als die an uns gerichtete Frage, warum uns denn bestimmte Dinge nicht einfallen.

Je größer die Selbstsicherheit bei eigener Ratlosigkeit ist, umso entspannter können wir damit umgehen. Eigentlich interessiert es dann gar nicht mehr, dass wir nicht die schnelle Idee haben.

Es ist also auch nicht egal, wie intensiv wir eine zu lösenden Aufgabe in unseren Gedanken fixieren. Mit etwas Übung können wir uns auch davon lösen. Wer kennt es nicht, wenn wir scheinbar an nichts anderes mehr denken können, als an eine Problematik, mit der wir uns beschäftigen müssen. Sie können sicher sein, es wird Ihnen so gehen wie mir. Während der Arbeit bin ich immer wieder selbst überrascht, wenn sich scheinbar fremdgesteuert Antworten ergeben, und man sich selbst dabei beobachten kann, wie sich Lösungen mit der Faszination für etwas Neues und mit dem eigenen individuellen Spirit verbinden. Dem Wort Spirit messe ich eine besondere Bedeutung bei: Für mich bezeichnet es den inneren Geist, das Gefühl, das sich aus reflektierten Eindrücken der unterschiedlichsten Art ergibt. Sich dessen bewusst zu sein bedeutet auch das Bewusstsein, zu einer eigenen Seele, und zu einem eigenen kreativen Schaffensprozess, entwickelt zu haben.

Wenn man sich mit der Erkundung der Kreativität beschäftigt, kommt man an einer Person nicht vorbei. Ich bin von seinen Texten und Gedanken fasziniert und empfehle Ihnen zur besonderen Einstimmung seinen TED-Vortrag und auch sein Buch »Flow und Kreativität«. Ich spreche von dem amerikanischen Psychologen Mihaly Csiksgentmihalyi.

Das angesprochene Buch:
Csikszentmihalyi, M. (2015) – »FLOW und Kreativität: Wie Sie Ihre Grenzen überwinden und das Unmögliche schaffen«
Der Ted-Talk:
https://www.ted.com/talks/mihaly_csikszentmihalyi_flow_the_secret_to_happiness

Es ist bemerkenswert und immer noch nicht selbstverständlich, wenn anerkannte Wissenschaftler auch den Bereich der Fühlwelt in Ihre Forschung einbeziehen. Die Welt des Spirits und Empfindens wird häufig mit künstlerischen Aufgaben verbunden, dabei ist doch die dafür verantwortliche Sensibilität für Strukturen und Zusammenhänge kaum noch aus dem Businessbereich wegzudenken.
In Csiksgentmihalyi's Ted-Talk spricht er über seine Forschung, in der es darum geht, wann und wodurch das empfundene Glück der Menschen beeinflusst wird. Unter anderem bestätigt er, dass das Fehlen materieller Güter

nicht glücklich macht. Das Erhöhen der materiellen Güter verstärkt allerdings das Glücklichsein auch nicht. So konzentrierte er sich darauf, herauszufinden, wo sich die Menschen in der alltäglichen Erlebniswelt besonders glücklich fühlen. Zum Anfang seiner Studie beschäftigte er sich dabei im Besonderen mit kreativ arbeitenden Menschen. Er versuchte herauszufinden, wieso es diesen Menschen besonders wertvoll erschien, ihr Leben mit etwas zu verbringen, von dem die meisten weder Ruhm noch Reichtum erwarten konnten, es dennoch ihr Leben bedeutsam und lebenswert gestaltet. Als Beispiel führt er einen der erfolgreichsten Komponisten Amerikas in den 1970-er Jahren an, der während eines Interviews erzählte, was er empfand, wenn das Komponieren gut läuft. Er sagte unter anderem:

»Sie sind so ekstatisch, dass Sie fühlen, als würden Sie fast nicht existieren. Dies habe ich immer wieder erlebt. Meine Hand scheint leer zu sein, und ich habe nichts mit dem zu tun, was passiert. Ich sitze nur da und beobachte es in einem Zustand von Ehrfurcht und Verwunderung. Und die Musik fließt einfach aus sich heraus.«

Mihaly Csiksgentmihalyi beschreibt diesen Moment fast als ekstatischen Zustand. Einen Zustand, den man empfindet, wenn man sich im Flow befindet. »Ekstase« bedeutet auf Griechisch: »Etwas zur Seite zu stehen«. Der Ausdruck wird oft benutzt, um einen mentalen Zustand zu beschreiben, in dem man empfindet, dass man keine normale Alltagstätigkeit verrichtet. Dieser Zustand, ich würde ihn übrigens nur vorsichtig mit dem Begriff Ekstase umschreiben, ist also ein Schritt in eine andere Wirklichkeit. Der Schritt, der über den Alltag, das Alltägliche wahrnehmen hinausgeht. Man könnte auch sagen, es ist die Wahrnehmung eines tieferen Bewusstseins in der Konzentration.
Jede Person, die einmal einen kreativen Flow erlebt hat, kann dies wohl recht gut nachvollziehen. Es sind die Momente, in denen neue Ideen geboren werden, mit der Inspiration aus dem scheinbaren Nichts.

Das Feeling des wirklich kreativen Momentes, welches wir wohl alle erst im Nachhinein bemerken, wird hier perfekt beschrieben.

Hindernisse bei der Kreativität

Ohne eine psychologische Auswertung der Kreativität vorzunehmen, ich habe mich oft gefragt, wie die vom mir empfundenen, kreativen Phasen zustande kommen. Natürlich kenne auch ich die Tage, an denen mich Blockaden daran hindern, in einen freien Gedankenfluss zu kommen.
Wieder stellt sich die Frage nach dem eigenen Umgang mit der Kreativität. Interessant ist die Unterteilung des Begriffes Kreativität in die vier kreativen Bausteine.
Mel Rhodes, ein US-amerikanischer Wissenschaftler, gab dem Begriff Kreativität in den 1960-er Jahren eine bis heute noch immer gültige Unterteilung in vier verschiedene Grundelemente, die sogenannten vier P's der Kreativität. Sie helfen, den oftmals noch diffusen Begriff praxisbezogen zu unterteilen, und umfassen

- ‣ Die kreative Person
- ‣ Den kreativen Prozess
- ‣ Das kreative Produkt
- ‣ Das kreative Umfeld (orig.: press – the relationship of human beings and their environment. d. h. Umgebungs- oder Situationseigenschaften).

Diese Beschreibung hat, aus konzeptionell-beschreibender Sicht, bis heute noch eine fundamentale Bedeutung und wird vor allem im anglo-amerikanischen Sprachraum mit dem Begriff »absichtliche Kreativität« in Verbindung gebracht. Es gab und gibt wiederholte Versuche, die vier Ps um weitere P-Begrifflichkeiten zu ergänzen, die allerdings bislang weder schlüssig waren, noch sich in der Kreativanwendung durchsetzen konnten.

Quelle: Wikipedia ‣ https://de.wikipedia.org/wiki/Kreativit%C3%A4t#cite_ref-56

Diese vier Bereiche erschienen mir von Anfang an schlüssig, auch weil sie keine tiefen wissenschaftlichen Kenntnisse benötigen, um nachvollziehbar zu sein. Daraus lassen sich für mich auch gut die Hindernisse ableiten, die ich fast immer im direkten persönlichen Umfeld suche. Natürlich liegt es in der Art der Tätigkeit, die eine besondere Sensibilität erfordert. Es gibt nicht die Möglichkeit etwas vorgefertigt, nach einem Muster oder in klaren Strukturen abzuhandeln. Wiederkehrende Tätigkeiten kann ich nach einem bestimmten Schema, mit eingeübten Prozessen erledigen. Im kreativen freien Gedankenfluss entstehen im Sekundentakt Gedanken, die durch ihre Unbekanntheit eine Faszination auslösen, die den Zwang hervorrufen, ihnen völlig ungestört folgen zu müssen. In solchen Momenten, besonders dann, wenn ich gestört werde, fühle ich mich manchmal wie eine echte Diva, also als jemand, der durch extreme Empfindlichkeit auffällt. Es passiert immer wieder, dass ich, sollte ich in solchen Momenten, manchmal nur durch Kleinigkeiten, gestört werden, völlig den Faden verliere und keinerlei Erinnerung an den Gedanken habe, der mich Sekunden vorher noch völlig fasziniert hat. Der vergebliche Versuch, sich daran wieder zu erinnern, kann wirklich extrem frustrierend sein. Wohl wissend, dass solche Störungen absolut zum Alltag gehören, suche ich ganz bewusst die Abgeschiedenheit und Ruhe und versuche alle möglichen Störungen bereits im Vorfeld zu verhindern. Gelingt es mir, mich für einige Stunden oder Tage völlig dem Alltag zu entziehen, sind das die perfekten Bedingungen, um zu faszinierenden Gedanken zu kommen.

»Faszinierende, neue Gedanken«, ist einer meiner persönlichen Ausdrücke für Kreativität.

Damit habe ich für mich den Rahmen geschaffen, der mir mit großer Wahrscheinlichkeit die Möglichkeiten des kreativen Arbeitens einräumt. Über die vier, von Mel Rhodes, beschriebenen Grundelemente der Kreativität, konnte ich meinen persönlichen Komfortbereich definieren. Darüber hinaus, scheint es mir wichtig zu wissen, welche Blockaden relevant sein könnten, die nicht aus der persönlichen Erfahrung nachvollziehbar sind.

Zu den Hindernissen in der Kreativität gibt es weitere Studien verschiedener Wissenschaftler. Zum Beispiel haben: Edward de Bono, Howard Gardner, Mark Runco, Teresa Amabile oder Shelley Carson, typische Kreativitätsblockaden aufgezeigt. Auf einige Thesen davon möchte ich hier gerne eingehen.

Strikte Zielorientierung, starre Lösungswegfixierung und Methodismus im Sinne der Bindung an etablierte Problemlösungsrituale. Die mechanische Vorgehensweise bei der Problemlösung und das Handeln nach vorgeprägtem Ritual hält davon ab, nach effizienteren Vorgehensweisen Ausschau zu halten oder neue Lösungen auszuprobieren.

Als ich dieses Statement las, war ich erleichtert. Wie oft wurde ich von Kolleg*innen als zu streng bezeichnet, als zu moralisch in Bezug auf die Übernahme von bestehenden Elementen in meine Arbeit. Im schlimmsten Fall folgte dann noch das Argument, dass man aus einer Kopie doch auch lernen kann. Von je her habe ich meine Arbeit als einen individuellen, schöpferischen Prozess gesehen, über ein zu beherrschendes Handwerk habe ich mir nur selten Gedanken gemacht. Ich bin, seit dem ich kommerziell kreativ arbeite, nie in der Situation gewesen, für handwerkliche Aufgabe keine Lösung zu finden. In der elterlichen Erziehung, und ganz besonders in den beruflichen Anfangsjahren hatte ich immer mit Menschen zu tun, die mir umfassende Grundlagen beigebracht haben, um Ideen umzusetzen. Dabei ging es um die Notwendigkeit, bestimmte Techniken blind zu beherrschen. Die Voraussetzung, um ohne Einschränkungen kreativ arbeiten zu können. In der Kreativität hasse ich die Kopie und die direkte Inspiration am Vorhandenen, in der Umsetzung kreativer Ideen kann es schlau sein auf bewährte Techniken zurückzugreifen. Die Kreativität umfasst immer einen klar definierbaren Bereich in einer komplexen Lösung. Also bleibe ich weiter streng, immer dann, wenn die Gefahr besteh, sich in der Kreativität auf Bestehendes zu stützen. Es gilt, mit großer Aufmerksamkeit darauf zu achten, ab wann man Elemente kopiert.

Starker Bewertungsdruck
Die Angst vor den Bewertungen der eigenen Person hat einen umgekehrt u-förmigen Zusammenhang zur Kreativität. Das bedeutet, Angst auf niedrigem Niveau ist für Kreativität förderlicher als keine Angst vor Bewertung. Bewertungsangst auf hohem Niveau ist für Kreativität hinderlich.

Unter keinem Druck arbeiten zu müssen, bedeutet, zumindest in den Berufen, in denen eine kreative Wahrnehmung gefordert wird, fast schon die Höchststrafe, es bedeutet, dass an die eigene Arbeit keine Erwartungen gestellt werden, außer dass sie ausgeführt wird. Sobald allerdings, ich nenne es einmal »die freundliche Erwartung«, die Spannung auf die Art, wie eine Arbeit ausgeführt wird, besteht, solange besteht der Druck, mit dem Bewusstsein, gezielt für eine bestimmte Aufgabe ausgewählt zu sein. Dann ist es gut, wenn man diese Erwartungen selbstsicher erfüllen kann.

Schwache Bindungen zwischen Betroffenen, die kreativ sein wollen.

Im Team kreativ arbeiten zu wollen oder auch zu müssen bedeutet immer für ganz besondere Arbeitsbedingungen sorgen zu müssen. Eine der Wichtigsten ist die besonders Basis eines persönlichen Vertrauens. Ich spreche nicht das Fachwissen an, mit dem ich einer Person eine Aufgabe anvertrauen kann. Es geht um das menschliche Vertrauen, schon mehrfach habe ich erwähnt in welcher Intimität die Kreativität oft entsteht, wenn persönliche Achtung und Respekt nicht bewusst gelebt werden, ist jeder kreative Ansatz zum Scheitern verurteilt. In einigen Meetings habe ich erlebt, dass dies Gründe dafür waren, kreative Gedanken überhaupt nicht aufkommen zu lassen.

Schwache Bindungen mit begrenztem Wissen und soziale Distanz hemmen die Kreativität.

So förderlich und inspirierend es sein kann, mit möglichst unterschiedlichen Sichtweisen ein Thema anzugehen, so ist das Level zu beachten, auf dem man ergänzend zusammenarbeiten kann. Es ist das Level, auf dem sich die unterschiedlichen Sichtweisen direkt befruchten können, in dem ungeahnte, überraschende Symbiosen entstehen und in dem das Bewusstsein existiert, dass Lösungen, wenn auch noch unbekannt, für aufkommende Hindernisse gefunden werden. Ich beschreibe es gerne als die gemeinsame Kompetenz, mit der eine Verbindung zum Unbekannten geschaffen werden kann.

Leistungsdruck, Erfolgsorientierung
Hohe Leistungsforderungen kommen meist von außen (z. B. von Vorgesetzten, Kollegen, Mitarbeitern). Starke Erfolgsfixierung kann dazu verleiten, sich eher auf sicherem, bekanntem Terrain zu bewegen; sie führt selten zu neuen Ideen.

Wenn Garantien für neue Ideen bereits in der Entstehung gefordert werden, wird wohl fast jeder innovative Gedanke im Keim ersticken. Es gibt einen Leistungsdruck, der aus purem Sicherheitsdenken besteht. Wer kann schon Garantien übernehmen, wenn sich ein Projekt in der frühen Phase einer Neuentwicklung befindet, in der bisher nicht erforschte Zusammenhänge oder Elemente eine entscheidende Rolle spielen? Es klingt logisch und dennoch, oft werden solche Erfolgsblockaden aufgebaut, in der ein Sicherheitsgedanke die Entwicklung neuer Ideen verhindert. Viele Unternehmen präsentieren stolz neue Produkte und Verfahren und immer werden dabei, um Wertschätzung bittend, auch die hohen Entwicklungskosten genannt, die während der Forschung entstanden. Auch im kleineren Rahmen muss die Kreativität, die bei der Suche nach neuen Lösungen gefordert ist, in diesen Bereich integriert sein. Es beginnt bei der Suche nach der passenden Gestaltung eines Flyers und hört bei mehrjährigen Forschungsprojekten auf. Die kreative Konzeption gleicht einem Forschungsprojekt.

These

Zeitdruck
Als unkontrollierbare wahrgenommene Elemente wie zeitliche Einschränkungen bei einer Aufgabe sind für Kreativität hinderlich.

Zeitdruck sollte uns nicht aus der Ruhe bringen können. Es kommt darauf an, wie man Zeitdruck definiert. Wenn ich nach kreativen Lösungen gefragt werde, ist eine meiner ersten Fragen die nach dem Zeitrahmen. Damit ist das Wort »Druck« dann schon einmal aus dem Spiel.
Macht ein Zeitrahmen mir wirklich Druck? Wenn ja, sollte ich überlegen, ob ich mir den Druck vielleicht selbst mache, oder ob er im Verhältnis zur Aufgabe unrealistisch ist.

Man kann mich nicht bitten, die nächsten sechzig Minuten zu überleben, dabei allerdings nicht zu atmen. Ich hätte ein Problem, tatsächlich ist das geforderte Ziel nur durch Atmen erreichbar, und so benötigt die gute Idee auch den kreativen Atem.
Ein Zeitrahmen kann sogar beflügelnd sein, kann einen zusätzlichen Inspirationsschub bedeuten um für produktive Rahmenbedingungen zu sorgen. Sollte dazu der Zeitrahmen nicht verfügbar sein, besteht auch keine lösbare Aufgabe. Diese Sichtweise habe ich über Jahre manifestiert, immer wissend, dass eine schnelle Lösung mich in Gefahr bringt, sie, wenn auch unbewusst, von einer vorhandenen Lösung mehr oder weniger deutlich zu adaptieren.
Neue Ideen benötigen fast immer ein thematisches Reset. Ein themenbezogener, gedanklicher Neustart benötigt eine gewisse Zeit, und genau diese Zeit hat mich nie beunruhigt, sondern mir immer, im Vertrauen auf die nun möglichen, neuen Ideen, große Sicherheit gegeben.

Gedankliche Schranken

Vielfach behindern individuelle Befindlichkeiten (Werte, Normen etc.), alte Glaubenssätze (»das macht man nicht...« usw.) oder vermeintliche äußere Schranken innovative Ideen bzw. den Ideenfluss. Glaubenssätze stammen z. B. aus Erziehung und Religion. Es wird am Althergebrachten festgehalten. Im schlimmsten Fall führt das zu einem selbst auferlegten Denkverbot, der »Schere im Kopf«, die Ideen und Lösungen schon beim Entstehen verwirft, weil an mögliche negative Konsequenzen gedacht wird. Es gilt als bei kreativen Prozessen hilfreich, Ideen ungefiltert zu produzieren und diese nicht zu früh zu bewerten bzw. zu verwerfen (Trennung von Ideengenerierung und Ideenbewertung).

Neugierig sein, Neues zulassen, die Faszination für das Unbekannte suchen, das sind die ersten Worte, mit denen ich immer wieder meine Vorträge beginne, wenn es um das Bewusstsein zur Kreativität geht.

Es gibt eine Übung, die ich tatsächlich jeden Abend mache, man könnte es eine Meditation nennen, in der es darum geht sich das Unbewusste bewusst zu machen. Es ist eine Übung, die mir täglich die Faszination für das Unbekannte klarmacht und mir zeigt, wie selbstständig, fast von mir losgelöst meine Kreativität sein kann.

Die Übung besteht aus einer einzelnen Frage, die ich mir seit vielen Jahren täglich neu beantworte.

»Was habe ich heute gelernt oder erlebt,
von dem ich am Morgen noch keine Ahnung hatte?«

So ergibt sich automatisch, dass sich keine Schranken des Gewohnten aufbauen, Normen spielen bei diesen Gedanken zwangsläufig keine Rolle und jede Antwort ist ein Impuls für den kommenden Tag.

Ideenäußerung der anderen Teammitglieder
Durch die Kommentare und Ideen von anderen kommt es zu eigenen Produktionsblockaden, da die eigene Ideenfindung unterbrochen wird, oder die Ideen vergessen werden.

Ich schrieb es bereits bei der ersten These dieses Kapitels, der kreative Flow basiert auf tiefen, persönlichen Gedankenströmen, dass eine Unterbrechung, eine Ablenkung dazu führen kann, einen kompletten Ideenansatz völlig zu vergessen. Ich erkläre es mir so, dass ich in der tiefen Konzentration mit einem Gedanken keine Kapazitäten habe, diesen auch noch abzuspeichern. Das geht erst, wenn er zu Ende gedacht ist, bis dahin bitte ich mir den Raum zu lassen!

Meetings in denen Ideen ausgetauscht werden, können produktiv sein, solange die einzelnen Teammitglieder Zeit hatten sich auf das Thema vorzubereiten. Dann ist es möglich, gefestigte Meinungen miteinander zu vergleichen. Der Einzelne kann mit deutlich größerer Sicherheit und Überlegung argumentieren.

Soziales Faulenzen
Die einzelnen Teammitglieder sind bei einfachen Aufgaben zur Ideengenerierung weniger kreativ, weil die Einzelleistung unbekannt ist.

Als soziales Faulenzen – social loafing – bezeichnet man in der Psychologie die Tendenz eines Menschen, sich in Gruppen weniger anzustrengen, um ein gemeinsames Ziel zu erreichen, als wenn sie allein dafür verantwortlich sind. Das zeigt sich etwa bei einem Brainstorming, in dem Koordinationsschwierigkeiten entstehen, da die Aufmerksamkeit nicht zur Produktion neuer Gedanken des Einzelnen führt, sondern eher den Ideensammlungsprozess blockiert. Die Gruppenmitglieder reden nacheinander und lenken die Aufmerksamkeit auf die Person, die ihren Vorschlag vorbringt, wodurch der Gruppenprozess die Ideengenerierung überlagert. Zwar weiß man, dass ein Mensch, wenn er von anderen bei Routineaufgaben beobachtet wird, seine Leistungsfähigkeit steigert, doch bei anspruchsvollen Arbeiten tritt jedoch häufig der gegenteilige Effekt ein, vor allem dann, wenn Leistungen parallel zu anderen erbracht werden sollen. Wenn also bei einer kollektiven Gruppenarbeit die Einzelleistung nicht klar erkennbar ist, neigen Menschen offensichtlich dazu, sich zu entspannen. Hat der Einzelne jedoch das Gefühl, sein Beitrag nützt der Gruppe und ist einzigartig und wertvoll, bleibt soziales Faulenzen eher aus.

W. Stangl

Verwendete Literatur
Stangl, W. (2022, 22. Juli). soziales Faulenzen. Lexikon für Psychologie und Pädagogik.
https://lexikon.stangl.eu/4851/soziales-faulenzen

Es ist immer wieder ein Phänomen, wie sich manche Menschen mit einer Gruppe treiben lassen, um am Ende als Teil der Gruppe dennoch am Ergebnis zu partizipieren. Gerade das Bewusstsein, als Einzelperson in einem Projekt maßgeblich ein Ergebnis mitgestalten zu können, sollte sich in kreativen Prozessen immer wieder deutlich gemacht werden.

Nicht umsonst spricht man von einem sozialen Faulenzen, wenn der Verdacht besteht, dass die Motivation des Einzelnen dann sinkt, wenn er/sie sich nicht mit besonderer Aufmerksamkeit, herausgelöst aus der Gruppe, gesehen fühlt.

─────────────────── **These** ───────────────────

Negative Einstellung
Positive Sichtweisen erleichtern es, offen auf die Umwelt zuzugehen.

Einer der Klassiker, die ich immer wieder in Momenten, bei denen es um neue Ideen ging, gehört habe!

»Was soll das denn für eine Idee werden, das macht doch keinen Sinn, es gibt nichts Neues! Alles ist bereits einmal dagewesen!«

Zum Glück war ich bereits früh in meiner beruflichen Laufbahn in der Lage, mich von solchen Bemerkungen zu distanzieren. Ein solcher Spruch konnte mir vor Jahren noch den gesamten Tag verderben. Mit großer Aufmerksamkeit verfolge ich seit damals solche Aussagen. Sind sie kritisch, führt es fast zwangsläufig zu neuen Erkenntnissen und Klarheit, sind sie destruktiv und negativ wirken sie auf mich zerstörerisch. Solche Aussagen und deren Verfasser haben für mich keinerlei Berechtigung in einem kreativen Prozess.

»Die unzureichende Sinneswahrnehmung widerlegt die Unendlichkeit nicht.«

Giordano Bruno
italienischer Philosoph 1548 – 1600

Kann man es besser sagen?

These

Die Überzeugung, nicht kreativ zu sein. Selbstbewusstsein und Reflexionsfähigkeit sind Merkmale kreativer Menschen. Nicht umgesetzte oder abgelehnte Ideen können Verunsicherung bewirken.

Der Anspruch an sich und an die Arbeit im Allgemeinen erlebe ich bei Kreativen immer wieder sehr ausgeprägt. Solange jedoch die mögliche Verunsicherung dazu dient, die Wertigkeit der eigenen Arbeit zu hinterfragen, kann sie die Philosophie zur eigenen Leistung verstärken. Bei bewusstem Umgang damit stärkt sich das Verständnis auch für unterschiedliche Wertschätzungen. Neben der Wertschätzung für geleistete Arbeiten anderer Personen kann es uns weiterbringen, auch die Wertigkeiten in eigenen Werken zu differenzieren.

Zwei Betrachtungsweisen sind mir dabei besonders wichtig. Wie sehe ich mein fertiges Ergebnis im Verhältnis zu Außenstehenden, die nicht im schöpferischen Prozess beteiligt waren und wie sehe ich die Wertigkeit des von mir durchgeführten Prozesses, der zum Ergebnis geführt hat? Für mich war immer der Prozess, der zu einem Konzept oder einem Bild geführt hat, entscheidend. Hier sehe ich die Wertigkeit meiner Arbeit, mir ist klar, dass sie oft für Außenstehende im Verborgenen bleibt, doch hier liegt der Kern, der das Werk bestimmt und hieraus ergeben sich neue Herausforderungen für weitere Arbeiten. Die fertige Arbeit kaschiert sogar oft den wertvollen Prozess und bildet häufig nur vage und oberflächlich die Komplexität einer Arbeit ab. Ich freue mich immer, wenn ich Menschen mit meinen Ideen beeindrucken kann, mich selbst beeindruckt mehr der vorangegangene Prozess, er macht für mich den Wert einer Leistung aus.

These

Starker Netzwerkzusammenhalt
Dieser kann divergentes Denken (mit vielen Alternativmöglichkeiten, die zu neuer Kreativität führen) hindern, da man nach einer schnellen Lösung strebt.

Solche Netzwerke erleben wir oft im administrativen, technischen Umfeld. Dann herrscht ein gewisser, ich möchte es einmal »hemdsärmeliger Pragmatismus« nennen, vor. Bitte verstehen sie mich nicht falsch, ich verstehe diese Vorgehensweise und oft bewundere ich diese klare, nicht zögerliche Art, in der Dinge angegangen werden. Hier arbeiten Teams und Abteilungen mit großer Verlässlichkeit zusammen, ohne großen »Schnickschnack«. Das ist sicherlich produktiv und effektiv.
Wenn in solchen Netzwerken kreative Impulse hinzugefügt werden sollen, macht es manchmal den Eindruck als solle der Pragmatismus geschwächt werden. Das Gegenteil ist der Fall, die Faszination für die Verbindung des eingespielten Pragmatismus mit neuen kreativen Überlegungen empfinde ich großartig. Ich kenne keine Teams mit Vertretern des Pragmatismus und der Kreativität, die nicht innerhalb kürzester Zeit hervorragende Leistungen zustande gebracht haben.
Daraus folgt übergreifend, dass sich Netzwerke nicht gegenseitig herausfordern müssen, und selten die Aufgabe haben, für ständige Veränderungen zu sorgen. Netzwerke sind besonders hilfreich, wenn sie sich bei gegenseitiger Aufmerksamkeit inspirieren.

Konformitätsdruck

Wir werden zu einem gewissen Konformismus erzogen, denn Anpassung und Angleichung an gesellschaftliche Normen ist für deren Funktionieren notwendig. Konformität kann Denken und Handeln einengen.

Konformität besteht für mich darin, die Grenzen, die ein Projekt mit sich bringt, zu akzeptieren. Es besteht immer ein Ziel oder eine vage Idee, was eine Idee bewirken kann. Wenn wir auf der Suche nach neuen Lösungen jedoch Normen und zu erwartete Anpassungen berücksichtigen, schließen wir bereits im Vorfeld einen großen Teil von Möglichkeiten aus.

Gruppendenken

Erstens werden dadurch ausgetauschte Informationen eher redundant, da sich alle »das Gleiche erzählen« und scheinbar »das Gleiche wissen«. Zweitens wird durch das Gruppendenken der soziale Druck bei der Ideenfindung erhöht. Dabei kann der soziale Druck dazu führen, dass die betroffenen Personen eine schnelle Lösung finden sollen, welche von der Gruppe akzeptiert wird, anstatt nach originellen und kreativen Ideen zu suchen.

Gruppendenken scheint Menschen stark zu machen und führt oft dazu, dass eine Gruppe auch gezielt gelenkt wird. Eine Gruppe, die sich toll findet, lässt kaum noch einen Zugang von Außen zu. Neue Impulse werden so nicht nur nicht zugelassen, sondern häufig auch gar nicht mehr bemerkt. Wem dient die »Herdenmeinung«? Wo ist der individuelle Leitgedanke und wer aus der Gruppe könnte ihn am besten vertreten? Wenn wir uns diese Fragen stellen kann man schnell eine Gruppe dazu bringen divergent, transparent und offen zu agieren. Eine Gruppe mit einheitlicher Meinung disqualifiziert sich selbst, den sie könnte fokussierter von einer einzelnen Person vertreten werde. Gruppen, die unterschiedliche Ansätze vertreten, haben dann eine Berechtigung, wenn die Homogenität in der Vielfalt liegt.

These

Zweiteilung zwischen Arbeit und Spiel
Das Trennen zwischen »hier die Arbeit« und »dort das Vergnügen bzw. Spiel« kann ein Nachteil sein. Spielerisches Ausprobieren kann die Entwicklung von Neuem begünstigen

Das Spielerische kann den Fokus und eine erzwungene Konzentration aufweichen. So können gesetzte, selbst-disziplinarische Grenzen aufgelöst werden und eine neue Leichtigkeit in die Denk- und Fühl-Prozesse integriert werden. Einige große internationale Unternehmen stellen dazu mittlerweile eigene Kreativräume zur Verfügung.

Der Psychologe Csikszentmihalyi geht davon aus, dass herausragende Kreativität immer in einem System von Individuum, Domäne und anerkennender Umwelt stattfindet.

Quelle: https://de.wikipedia.org/wiki/KreativitätKreative Manipulation

Gedankensplitter

Aphorismen

Eberhard Ebo Schuy

Wenn du einen Gedanken zum späteren Zitieren niederschreibst, ist zumindest der Gedanke, ihn aufzuschreiben, nicht dumm!

und

Das Interessante an der Essenz unserer Gedanken, sind die Gedanken, die in der Essenz scheinbar keine Bedeutung mehr haben.

Mit ihnen können wir weiterarbeiten.

und

Bevor du Andere mit deinen Ideen beeindrucken möchtest, solltest du versuchen, Dich selbst zu beeindrucken.

und

Nur die eigene Erkenntnis bringt die beruhigende Klarheit.

und

Kreativität und Bewusstsein hängen untrennbar zusammen. Es reicht nicht aus, wenn du liebst, was du tust. Du musst die Faszination lieben, mit der du tust, was du tust!

und

Kreativität entsteht durch die Faszination, die sich bei der Suche nach neuen Gedanken bildet.

und

Ich liebe es, mich mit Dingen zu befassen, von denen ich noch gar nicht weiß, dass es sie gibt.

und

Die Befürchtung, Dinge nicht zu schaffen, die einem wichtig sind, raubt einem die Ruhe, mit der man sie bewältigen könnte!

und

Es ist ein Irrtum zu glauben, dass der, der nicht gefordert ist, auch nicht versagen kann.

und

Wer die Gedanken verloren hat, seine Gefühle jedoch findet, kann im Neuen denken.

und

Gedachtes lässt sich schlecht befühlen, gefühltes dagegen, lässt sich gut bedenken!

und

Wenn du sagst, was du fühlst, kannst du Andere denken lassen.

und

Die Tugend des Schweigens gibt uns die Chance, zu verstehen. Das ist die Voraussetzung für Faszination.

und

Auffällig

Auffällig ruhig
fällt
oft mehr auf
als
auffällig laut!

und

Das Einmalige im Vorhandenen führt uns zum Besonderen im Unentdeckten.

und

Beachtung holt
man sich nicht.
Beachtung wird
geschenkt,
wir müssen nur
dafür sorgen,
dass die Menschen
die Möglichkeit
haben, beachten
zu können.

und

Die Idee ist das Resultat von vielen Gedanken, die du erst einmal zugelassen haben musst.

und

Gedankenlos

_____

Gedanken benötigen keine Gedanken als Impuls.

und

Die Taten von morgen, nicht die von gestern, bestimmen die Zukunft.

und

Dem Vorhandenen können wir besser begegnen, wenn uns auch das Nichts bewusst ist.

und

Freue mich immer, die Menschen zu treffen, die wissen, was ich für einer bin! Sie haben mir etwas voraus!

und

Am liebsten
sind mir die
Gedanken,
die mich
dazu bringen,
über mich
selbst
zu lächeln!

und

Manchmal hat man
Angst davor,
dass die Dinge, die
man tut, schreibt
oder spricht
falsch verstanden
werden.
Noch größer kann
die Angst sein, dass
sie richtig
verstanden werden.

und

Die Menschen lieben die beschriebenen Seiten in Büchern, sie sollten auch die unbeschriebenen lieben.

Das unbeschriebene Blatt

Begeistert kreativ sein
Synergien im Team

Kreative Menschen fallen auf. Scheinbar scheinen sie immer eine Lösung zu haben und viele Menschen streben danach, auch kreativ sein zu können. Dennoch ist es wichtig, in einer Gesellschaft und im beruflichen Umfeld für einen ausgewogenen Mix zu sorgen. Nicht jeder kann kreativ sein und es nicht zu sein, ist auch kein Manko. Ich finde es anstrengend in einem Umfeld arbeiten zu müssen, in dem sich alle für kreativ halten und sich mit Genialität, wobei diese wiederum nichts mit Kreativität zu tun haben muss, gegenseitig zu überbieten suchen. Die Normalität besteht aus dem Miteinander von analytisch handelnden Menschen, von Personen, die Normen und Strukturen auch bei Zukunftsprojekten im Auge behalten sowie auf die Machbarkeit neuer Ansätze achten. Dieser Mix in Teams, die sich mit neuen Lösungen beschäftigen, garantiert auch den planbaren Erfolg von kreativen Weiterentwicklungen und Ansätzen.

Das letzte Mal, als ich in einem solchen Team arbeitete, hatten wir die Aufgabe ein Konzept für ein medizinisch orientiertes Unternehmen in eine visuelle Form, eine Art Logo, zu bringen. Das Team bestand zunächst aus zwei Architekten, einem Metallbauer, zwei Medizinern, einem Kreativen, das durfte ich sein, und einem Investoren.

Es gab keinerlei Vorgaben, mit welchen visuellen Mitteln so etwas wie ein CI geschaffen werden konnte. So konnte das Team in alle Richtungen denken, und es bestand von Beginn an ein Konsens bezüglich der späteren Umsetzbarkeit. Innerhalb kürzester Zeit wurde eine Lösung gefunden, die die Belange aller Bereiche, auch in der Umsetzbarkeit berücksichtigte. Alle wichtigen Punkte aus den unterschiedlichsten Fachbereichen konnten von Beginn an abgesprochen und berücksichtigt werden.

Wird in einem Team die Kreativität als ein Bereich, neben all den anderen Fachbereichen akzeptiert, profitieren alle Bereiche dadurch, dass die Fachbereiche Einfluss auf die Kreativität nehmen und die kreativen Aspekte auch in den anderen Bereichen für neue Sichtweisen sorgen.

Wichtig ist es, keine hierarchische Relevanz der einzelnen Bereiche aufkommen zu lassen.

Auch wenn diese Strukturen sich immer mehr durchsetzen, und die Akzeptanz für zusätzlichen kreativen Input in vielen Unternehmen höher wird, ist es immer noch entscheidend, aus welcher Position heraus die Kreativität eingebracht wird. Sie können sich vielleicht vorstellen, mit welcher Akzeptanz, Neugier und Faszination, für die Gedanken der einzelnen Teammitglieder, die gemeinsamen Meetings live und im Internet stattgefunden haben. In keinem Meeting musste auf Effektivität und Ausgeglichenheit geachtet werden, das ergab sich in den Gesprächen von selbst und alle Teilnehmenden waren am Ende der Meetings immer vom Input der anderen überrascht, besonders wie einfach sich die Synergien selbstständig bildeten. Für mich war es eine der angenehmsten Erfahrungen, die ich in einem Team machen durfte. Mir wurde bewusst, wie oft wir auch in kreativen Prozessen mehr in Gruppen als in guten Teams zusammenarbeiten.
In einem Team wird von Beginn darauf geachtet, dass sich jedes Teammitglied als eine ergänzende Komponente des Ganzen sieht. Nur so entsteht eine Einheit, in dessen Kern die Individualität eine entscheidende Rolle spielt. Solche Teams können nach außen geschlossen auftreten und dennoch die Komplexität ihrer Arbeit vertreten.
Vergleiche zum professionellen Mannschaftssport mit seinen einzelnen Positionen und Aufgaben können durchaus gezogen werden.

Die Sache mit der Individualität

Immer wieder ist zu bemerken, wie in der Gesellschaft, Kreativität und Individualität als Bereiche angesehen werden, die scheinbar untrennbar miteinander verbunden sind.

Die Individualität steht dabei besonders im Mittelpunkt der Aufmerksamkeit. Sie wird als auffälliges Merkmal wahrgenommen, obwohl sich ihr kein Mensch entziehen kann. Kreativität, wird als ein fester Bestandteil der Individualität wahrgenommen, wohl auch deswegen, weil sie nicht, wie andere Fertigkeiten, auf einer anerkannten Ausbildung beruht. Kreativität scheint etwas Gegebenes zu sein und beruht dabei doch nur auf dem, was sich der Einzelne erhalten oder erarbeitet hat. Zwänge, Normen und Erwartungen nicht als gegebene Grenzen anzusehen, ermöglicht, neben dem Denken, auch dem Empfinden einen Raum zu geben. Damit gelangt man in den Bereich der nicht manifestierten Strukturen. Weder bewiesene Fakten, noch anerkannte Tatsachen sind nötig, um eine Ausgangsthese zu stützen.

Welche Voraussetzungen müssen nun gegeben sein, damit Ideen nicht als bloße Spinnerei abgetan werden. Wieder sind wir im Bereich der professionellen Kreativität. Jemand, der bereits einige erfolgreiche Ideen hatte, wird sich nicht mehr rechtfertigen müssen. Eine Person, die sich noch etablieren muss, wird es deutlich schwieriger haben. Auch hier finden wir in der Individualität der Ideengeber*innen, die Seriosität, mit der neue Impulse ernst genommen werden.

Berufe, in denen Ideen Bestandteil der Dienstleistung sind, werden häufig als kreativ bezeichnet, obwohl sie oft nur mit einem bestimmten Maß an Individualität ausgeführt werden! Die Individualität beruht nicht zwangsläufig, auf neuen, bisher nicht verwendeten Ansätzen, die Kreativität schon. Mit diesen Thesen beschäftigte ich mich zurzeit. Nicht, dass sie in meinem Leben für etwas relevant wären. Bis heute kann ich zumindest keine schlüssige Erklärung für den Grund meiner Faszination zu diesem Gedanken benennen. Dennoch, lassen sie mich diesen Gedanken später noch einmal aufnehmen, es könnte sein, dass sich dadurch, in unserem Bild zur Kreativität, noch etwas klären lässt.

Zunächst möchte ich zurückkommen auf Tätigkeiten, in denen Individualität besonders wichtig zu sein scheint.

Ist nicht in jedem Beruf, in jedem Tun die Individualität des Menschen gefragt? Ganz sicher stellt die Individualität immer einen Bezug zu den Ausführenden dar, egal bei welcher Tätigkeit. So wird die Individualität zu einer zwangsläufigen Eigenschaft, ohne die es gar nicht geht! Individualität ist nicht automatisch ein maßgeblicher Indikator für Kreativität. Kreativität wird selbstverständlich von Individualität bestimmt.

Das Initiieren von Kreativem bedingt Individualität. Hier genau liegt ein ganz wesentliches Merkmal der professionellen Kreativität. Ein wesentlicher, und wahrscheinlich sogar offensichtlicher Bestandteil des fertigen, kreativen Produktes spiegelt immer die Individualität der Ideengeber wider. Damit kann ich auf meine bereits gestellte Frage zurückkommen: Kann man Berufe oder Tätigkeiten pauschal als kreativ bezeichnen, nur weil sie mit einem bestimmten Maß an Individualität ausgeführt werden? Die Antwort ist bereits gegeben, die Individualität bestimmt im Zweifel nur die Art wie eine Tätigkeit verrichtet wird, sie muss dabei den Wert der Leistung nicht zwangsläufig bestimmen.

Hier sind einige Bereiche, in denen kreative Bereiche zu finden sind:
Hier sind einige Bereiche, in denen kreative Bereiche zu finden sind:
Architektur, Floristik, Fotografie, Gartenbau, Gastronomie, Grafikdesign, Mediengestaltung, Mode, Design, Musik, Schauspiel, Schmuckdesign. Hunderte, sogenannte kreative Berufe könnte man aufführen, in denen die Kreativität eine entscheidende Rolle spielt und letztendlich sind es immer nur ganz wenige Ausnahmen, in denen bestimmte Persönlichkeiten diese Berufe erfolgreich und kreativ ausüben. Sie werden im Allgemeinen als die Stars der Branchen bezeichnet. Von der Sterneköchin über den Stararchitekten bis zu den Stars der Musik- oder Designbranchen. Im Verhältnis zur Menge an Menschen, die solche Berufe ausüben, fallen nur ganz wenige durch kreative Individualität und besonderer Persönlichkeit auf und bestimmen letztendlich auch die Trends, die dann wieder nachgeahmt werden. In der Nachahmung, der Kopie, ist jedoch nie der Kern der professionellen Kreativität zu finden.

Es geht um das Bewusstsein für das Original, und die Reproduktion, die Kopie, die vom Original genommen ist. Die professionelle, kreative Arbeit muss aus der Intention heraus entstehen, eine Begeisterung für das unbekannte Neue zu schüren.

Das dritte Verstehen

Es sind Gedankenspiele, deren Ursprung ich nicht weiter kenne, die mich immer wieder faszinieren und mir Sichtweisen aufzeigen, die neue Erkenntnissen und größere Klarheit mit sich bringen. Es sind Themen, abseits meines beruflichen Alltags, die in mir Fragen aufkommen lassen, wie weit ein besseres Verständnis für gesellschaftliche, soziale Umgebungen auch zu neuen Ideen führen kann.

Oft beschäftige ich mich mit der Relevanz meiner Arbeit. Nach jahrelangem Denken und Arbeiten in und mit Bildern, bemerkte ich eines Tages die Vordergründigkeit, die in einer Begeisterung für neue Ideen zu finden sein kann. Der Anspruch, dass ich alleine, oder wir im Team, der Meinung waren, dass man eine Fotografie, in dieser Art und Weise, noch nie gesehen hat, war oft Befriedigung und erfüllter Anspruch genug, um die Arbeit nicht weiter zu hinterfragen. Bereits ein simpler, visueller Anspruch kann ausreichend sein, eine Arbeit als gelungen zu bezeichnen. Verstehen sie mich nicht falsch, keineswegs möchte ich diese Arbeiten abwerten, habe ich in einigen Fällen sogar großen Erfolg damit gehabt.

In der Werbung ist es manchmal simpel, eine einfache Aufmerksamkeit kann deutlich besser funktionieren, als eine komplexe, nicht auf den ersten Augenblick zu erfassende. Immer bin ich jedoch davon ausgegangen, dass genau dieser Anspruch, der schnellen, intuitiven Erfassbarkeit von Abbildungen, eine besondere Herausforderung darstellt.

Egal in welchem schöpferischen Metier wir unterwegs sind, ein vollendetes Werk wird selten erfolgreich durch sich selbst wirken, sondern eher durch die Intention, die hinter der Ausführung steht.

Es gilt also auch hier, eine Faszination und Begeisterung für den Moment zu entwickeln, in der die kreative Arbeit ihre Premiere erlebt und zum ersten Mal wahrgenommen wird.

Es gilt den Moment des Aufeinandertreffens zu verstehen, die Begegnung des Spirits der Erschaffenden, enthalten im entsprechenden Medium, (Anzeige, Musikstück, Designobjekt etc.) und den Personen, für die es kreiert wurde.
Wer sich diesen Moment bewusst macht, wird die Art der geforderten Kreativität besser verstehen und ausfü len können.

Mit solchen Gedanken lasse ich bewusst Gedankenspiele zu. Immer wieder beschäftigen mich dabei die Verzahnungen, die mit kreativen Leistungen geschaffen werden.

Kreativität entsteht in einem möglichst freien, nichts ausschließendem und nicht vorweg, wertendem Umfeld. Das Verstehen, des Zwecks der Leistung muss möglichst uneingeschränkt und wertfrei gewährleistet sein. Dafür sind die, die mit der kreativen Aufgabe betreut werden, verantwortlich. Hier handelt es sich nicht um eine Bringschuld, die von Auftraggebern oder Vorgesetzten zu leisten ist. Die Kreativen selbst sind für den persönlichen Input verantwortlich, denn nur sie können beurteilen, inwieweit ihre bestehenden Grundlagen zu einer erfolgreichen Arbeit abgedeckt sind. So kam mir die Idee des dritten Verstehens.
Lassen sie mich mit dem ersten Verstehen beginnen. Das ist einfach und bedarf kaum Erläuterungen, es ist das primäre Verstehen, das akustisch oder auch visuell funktioniert. Das primäre Verstehen beruht also auf der einfachen Wahrnehmung. Gesagtes oder Gesehenes wahrgenommen zu haben, bedeutet nicht, es auch verstanden zu haben. Wie vorschnell beantworten wir dennoch oft die Frage: »Hast du mich verstanden?«, mit »Ja!«. Das erste Verstehen bezeichne ich somit nur als eine simple Wahrnehmung. Mehr sollte man hier nicht erwarten!
Das sekundäre Verstehen schließt das bewusste Verstehen ein. Nun wird es anspruchsvoller. Verstehen, Nachvollziehen und Beurteilen, was gemeint ist, sind die Voraussetzungen für das sekundäre Verstehen. Jetzt bestimmten unsere Individualität, Einschätzung und die Integration in unser

Wertesystem die Bedeutung und die Art, wie wir mit diesen Informationen umgehen. Wie auch immer wir sie weiterverarbeiten, welche Impulse daraus resultieren, sie werden durch unsere persönliche Interpretation und Wertung beeinflusst sein. Wie wichtig sekundäres Verstehen in der Kommunikation ist, ergibt sich daraus, dass durch individuelle Reduktionen oder Erweiterungen von Informationen neue Sichtweisen entstehen, die durch das gesellschaftliche, private und soziale Umfeld der Beteiligten beeinflusst sind. Diese persönliche Sichtweise könnte nur durch umfangreiche Studien repräsentativ werden. Nur die individuelle Beurteilung birgt jedoch die Chance neuer Impulse abseits des Mainstreams.

So kam ich auf eine weitere Möglichkeit des Verstehens, ich nenne es, »das dritte Verstehen«. Es ist der Versuch des neutralen, ungefilterten Verstehens oder Wahrnehmens, das sich aus dem primären Verstehen ableitet. Das wertungsfreie Verstehen steht ganz im Gegensatz zu dem oft geforderten wertungsfreien Urteilen. Nach der Wahrnehmung sollten wir bereits eine bewusste Blockade, noch vor dem »Be-Denken«, errichten.

Das dritte Verstehen wird so zu einem Verstehen, ohne positive oder negative Impulse, es wird zur reinen, versachlichten Wahrnehmung. Alle Fakten haben in allen Beziehungen die gleiche Gültigkeit. Im Nebeneffekt ergibt sich hieraus die positive Bewertung des Wortes Gleichgültigkeit. Die Faszination für diesen Gedanken lassen mich zu dem Fazit kommen, dass wir ein Bewusstsein schaffen können, für eine gefühlte Gefühlsneutralität sowie eine bewusste Wertneutralität.

Ich bin nicht sicher, ob wir eine Neutralität zwischen der Fühl- und der Denkwelt generieren können und es ist mir bewusst, dies alles klingt ziemlich theoretisch. Es ist ein Gedankenspiel, das sich damit beschäftigt, wie es wäre, wenn unsere Wahrnehmungen nicht in unterschiedliche Signifikanzen geordnet sind.

Es ist ein Spiel mit den Begrifflichkeiten, ein Wortspiel, aus dem sich Erkenntnisse ergeben könnten, was eine solche, bewusst hergestellte Gleichstellung bewirkt. Hieraus kann sich eine weitere Möglichkeit des kreativen Arbeitens und Denkens ergeben.

Gedankenlos

Auf der Suche danach, wie man relativ bewusst in einen kreativen Gedankenfluss kommen kann, kam ich zu dem Gedanken, dass gerade die Gedankenlosigkeit ein gutes Mittel ist, sich in einen kreativen Prozess zu begeben.

Natürlich müsste ich in diesem Zusammenhang das Wort »Gedankenlosigkeit« definieren, doch ich will es gar nicht wissenschaftlich belegen. Ich möchte mir die Begeisterung für meine eigenen Gedanken erhalten, möchte an mich und meine Ideen einfach nur so – also im Zweifel auch in einer völlig unreflektierten Stufe – glauben, möchte über mich lachen, mit mir böse sein. Kurz gesagt, ich möchte meinen Emotionen freien Lauf lassen und ihnen die Möglichkeit geben, sich in meiner Arbeit, und in meinem Wesen, erkennen zu geben. So entsteht Persönlichkeit und so entstehen Arbeitsstile und Menschen mit Stil.

Diese These ist für mich einer der wichtigsten Pfeiler der Kreativität.

Wie ich gedankenlos definiere? Gedankenlos zu sein, bedeutet: Dinge, Ideen, Gesehenes, Bedachtes, Gehörtes, Gerochenes, Gefühltes, Gespürtes in sich aufzunehmen, ohne die uns so vertrauten und selbstverständlichen Schubladen zu bedienen, eben keine Zuordnungen zu schaffen. Mir ist völlig bewusst, dass ich in solchen Momenten, vielen Mitmenschen verträumt, nicht dabei und in anderen Sphären erscheine. Das sind wirklich gute Voraussetzungen, es ist eine tolle Grundlage, Kreativität entstehen zu lassen.

Wenn Sie sich darauf einlassen, werden Sie schon häufiger mal den Satz hören, dass Sie abwesend sind, und sich nicht im »Hier und Jetzt« befinden. Ganz persönlich mag sogar die Frage »Na, wo bist Du jetzt gerade?« Die Antwort: »Das kann ich gerade nicht sagen! Ich war gedankenlos!« ist dann eine ehrliche Antwort.

Wenn Ihnen bewusst wird, wie es funktionieren kann, können Sie bewusst gedankenlos sein. Genießen Sie diese Momente. Das Schöne ist, dass man erst im Nachhinein merkt, dass man gedankenlos war, dass man sich nicht erinnern kann, etwas gedacht zu haben, und sich bewusst ist, dass gerade der innere, seelische Speicher mit dem Spirit, aus dem neue kreative Handlungen und Gedanken entstehen, gefüllt wurde. So gesehen wird klar, wie Kreativität durch Loslassen bzw. Freilassen des Inneren entstehen kann. Wie anders könnte sich etwas entwickeln, das wir als Spirit, Geist und Intuition bezeichnen?

Sich absichtlich in den Zustand der Gedankenlosigkeit zu bringen, war für mich eine besonders faszinierende Erfahrung. Ich habe sie während eines Aufenthalts in einem Zen-Kloster kennengelernt.

Mein Gefühl ist nicht, dass sich auf diese Art Kreativität bildet, mein Gefühl ist, danach teilweise im Neuen denken und empfinden zu können. Wie auch immer, das Erlebnis selbst empfand ich als eine große Inspiration.

Schluss

Es ist Zeit noch einmal zu reflektieren, woher der Antrieb, dieses Buch zu schreiben, kam. Warum ich es für wichtig halte, dieses Sammelsurium an Gedanken anderer Menschen zur Verfügung zu stellen.

Zunächst bin ich der Meinung, dass ich mich lange, reflektiert und abwägend, nicht nur mit der Kreativität, sondern auch über den Umgang mit ihr, auseinandergesetzt habe.

Viele Jahre in meinem Berufsleben hätte ich es als anmaßend empfunden, hätte ich mich selbst als kreativ bezeichnet. Die Empfindung, dass Kreative eine besondere Rolle einnehmen, war und ist in der Gesellschaft immer noch verbreitet und kreative Kompetenz kann man nun einmal nicht mit einem Abschluss belegen.

Erst vor einigen Jahren habe ich erkannt, dass meine Arbeit Beweis genug zu sein scheint, meine Kreativität anzuerkennen. Das war der Moment, jetzt auch die Kreativität verstehen zu wollen.

»Wer Kreativität erklären möchte, kommt vor lauter Erklärungen, zu den Erklärungsversuchen, nicht dazu, die Kreativität wirklich zu erklären!«, auch das war ein Gedanke, den ich mir selbst beantworten konnte. »Ich versuche nicht die Kreativität zu erklären, ich beschreibe sie, wie ich sie erlebe und empfinde.«

Die Positionierung der kreativen Kompetenz halte ich in allen gesellschaftlichen Bereichen für unumgänglich. Sie als selbstverständlich in den Alltag, und auch in wichtige gesellschaftsrelevante Diskussionen zu integrieren, bedeutet Entscheidungen zu suchen, die langfristig von Bedeutung sein werden. Selten waren in der Geschichte innovative, bisher unbekannte Lösungen, so gefragt, wie zurzeit in den 2020-er Jahren.

In kleiner Runde habe ich vor einigen Tagen einige Gedanken geteilt, die hier in diesem Buch eine Rolle spielen. Ich fühlte mich unangenehm geehrt, als ein Kollege meine Gedanken als, »...doch sehr philosophisch«, bezeichnete.

»Philosophisch!«, hier bin ich nun wirklich raus, zu gerne lese ich die Sichtweisen vieler Philosophen. Es gibt kaum einen Beruf, vor dem ich mehr Respekt habe. Und dennoch, Gedanken können natürlich philosophisch sein, auch wenn man keine Qualifikation als Philosoph hat.

Kreative und Philosophen, sie verbindet die Gedankenwelt, in der Zusammenhänge analysiert werden, um daraus neue Sichtweisen zu generieren. Beide haben die Gabe, ein besonderes Verständnis für die Dinge aufzubauen, mit denen sie sich beschäftigen, ohne auf vorgefertigte Ansichten zurückzugreifen.

Philosophen haben die große Gabe, Wissen zu analysieren und in neue Zusammenhänge stellen zu können, während Kreative die Möglichkeit haben sollten, Zusammenhänge wahrzunehmen, aus denen sich Emotionen bilden (lassen).

So arbeiten die Philosophen mit großem, umfangreichem Wissen und die Kreativen eher mit kleinen Splittern der Wahrnehmung.

Damit genug mit meinen »Splittern der Wahrnehmung«. Ich hoffe, sie hatten Spaß beim Lesen und ich konnte Ihnen einige meiner Sichtweisen beschreiben, die den Umgang mit der Kreativität ein wenig einfacher machen.

Mir hat es großen Spaß gemacht meine Definition, meine Auseinandersetzung mit der Kreativität zu teilen. So beende ich das Buch an dieser Stelle und freue mich, wenn wir auch weiterhin mit der Faszination für die bewusste Kreativität leben.